닥터튜브 주힘찬의

유튜브 클리닉

닥터튜브 주힘찬의

야뷰 유튜브 클리닉

주힘찬 지음

유튜브를 '업'으로 하는
사람들을 위한 닥터튜브의 돌직구 처방전

채널 기획·운영에서 광고비 산정, 계약서 작성 팁, 크리에이터의 멘탈 관리까지
MCN 5년 경력자가 알려주는 유튜버들을 위한 본격 실전 가이드

미래의창

유튜브,
절대 하지 마세요!

"유튜브, 잘만 하면 월 몇백은 쉽게 벌 수 있다."

이 말에 현혹되어 유튜브를 시작한 사람들이 많다. 하지만 내가 MCN에서 일하면서 가장 많이 했던 말은 "유튜브 절대 하지 마세요"다. 그들이 말하는 것처럼 유튜브가 쉬웠다면 왜 코로나가 끝날 때쯤 중고 시장에 유튜브 관련 장비가 넘쳐났겠는가.

유튜브 좀 안다는, 유튜브 좀 해봤다는 사람들 중 누군가는 꾸준히 영상을 올리는 게 답이라고 하고, 또 누군가는 진정성 있게 나만의 취향을 밀고 나가면 언젠가 빛을 본다고 한다. 하지만 많은 채널들이 본인이 좋아하는 콘텐츠를 매주 꾸준히, 진정성 있게 만들어 올렸지만, 몇백 단위의 조회수, 1만 명을 넘지 못하는 구독자수에 머물렀고, 그 끝은 결국 채널 운영 중단이었다. 돈을 목적으로 만든 채널은 더 말할 것도 없다. 그들은 끝없는 장기전 속에 성과가 바로 나지 않자, 채널 운영을 금방 포기해 버렸다.

내가 자주 하는 말이 있다.

"유튜브에서 돈을 벌려면, 먼저 구글이 돈을 벌게 해줘야 한다."

우리는 보통 유튜브가 공짜라고 생각한다. 내가 마음대로 찍어서 플랫폼에 올리고, 내가 볼 수 있는 건 뭐든 공짜로 볼 수 있기 때문이다. 그렇다면 구글은 무료로 봉사하는가? 그럴 리가 없다. 유튜브는 철저하게 구글이 돈을 벌기 위해 운영하는 광고 플랫폼이다. 수치를 보면 바로 알 수 있다. 2022년 구글코리아의 매출은 10조 5,000억 원으로 추정되는데, 이는 네이버(8조 2,201억 원)와 카카오(7조 1,068억 원)보다 훨씬 높은 액수다. 그러니까 우리가 올리는 수많은 동영상들은 구글의 입장에서 보면 그냥 광고를 붙이기 위한 수단일 뿐인 것이다. 쉽게 말해 알고리즘이라는 것도 당신의 시청 기록을 이용하여, 취향에 맞는 영상을 추천해주고 그 앞에 광고를 붙여 돈을 벌기 위한 장치다.

물론, 취미로 혹은 재미로 유튜브를 하는 사람들도 있다. 자신과 취향이 비슷한 사람들과 공유하기 위해 다소 낭만적으로 유튜브에 접근하기도 한다. 취업 목적으로 자신의 포트폴리오를 만들기 위해 진입하거나, 마케터의 경우는 홍보용 혹은 자기계발의 성격으로 유튜브 채널을 만들기도 한다. 이렇게 자기만족 목적으로 유튜브를 운영하는 사람들은 굳이 이 책을 볼 필요가 없고 그냥 하던 대로 하시면 된다. 내가 이야기하려고 하는 것은 본인 채널을 지키며 안정적으로 수익을 창출하는 방법이다. 그런데 여기서 중요한 점은, 채널 주인이 광고를 게재하지 않더라도 구글은 여지없이 광고를 붙인다는 것이다. 채널 주인에게 광고를 삽입한다고 통보조차 하지 않는다. 이런 경우 광고 수익은 100% 구글이 가져간다. 그러니까 결국, 유튜브는 크리에이터에게도 시청자에게도 절대 공짜가 아닌 플랫폼이다.

이 점을 숙지하고 나면 유튜브를 보는 눈이 달라질 것이다.

그렇다면 수익을 올리는 동영상의 비결은 무엇일까? 구글이 좋아하는 동영상은 달리 말해 시청자가 좋아하는 동영상이다. 따라서, 돈을 벌고 싶다면 내가 하고 싶은 것만 해서는 절대 안 된다. 내가 좋아하는 것 중에서도 특히 시청자들이 좋아할 만한 것을 해야 한다. 즉, 시청자에게 나의 영상을 봐야 하는 이유를 만들어줘야 한다. 시청자가 유튜브에서 영상들을 보는 이유는 딱 두 가지다. 재미와 정보다. 시청자의 기준에서 재미가 없거나, 불필요한 정보가 담겨있으면 다른 영상으로 쉽게 넘어간다. 이는 개인 크리에이터뿐만 아니라 브랜드 채널에도 해당되는 이야기다. 제품 홍보 영상과 홍보 문구로 도배해놓은 브랜드 채널의 조회수들이 대체로 백 단위에서 그치는 것도 이 때문이다. 이런 브랜드 채널들은 정작 들어주는 사람도 없는데 자신이 하고 싶은 말만 꾸준히 하고 있는 것과 다름없다.

다음으로는 유튜브의 특성을 제대로 이해해야 한다. 유튜브는 휘발성이 매우 강한 플랫폼이며, 동시에 가성비 플랫폼이다. 휘발성이 강하다는 말은 대체되기가 너무 쉽다는 뜻이다. 여태껏 당신이 봐온 유튜브 영상 중에 기억에 남는 영상이 몇이나 되는가? 정말 재미있었던 영상을 제외하곤 아예 기억조차 나지 않는다. 즉, 크리에이터가 아무리 노력해도 시청자의 머릿속에 자신을 각인시키지 않는 한 채널을 키울 별다른 방법이 없다는 것이다. 이렇게 나 자신을 각인시키지 못하면 채널의 조회수가 도통 나오질 않는데, 이 말은 곧 조회수 수익도 시원찮은 데다 브랜드의 협찬 광고도 들어오지 않는다는 것을 뜻한다. 유재석이나 신동엽처럼 범국민적인 인지도를 보유하지도 못한 평범한 사람의 채널이 알고리즘의 축복을 받아 시청자들과 진정한 관계를 쌓으려면 적어도 1년이 필요하다. 자연스럽게 가성비가 중요해질 수밖에 없는 것이다. 유튜브라는 마라톤을 시작할 때, 초반부터 장비에 대거 투자하고 방송사나 제작사처럼 10명 규모의 제작진을 꾸리는 순간, 중도 포기할 확률이 매우 높아지는 것이다.

　마지막으로는 돈을 먼저 좇지 말 것을 당부하고 싶다. 지금 이 순간 에도 새로운 유튜브 채널이 생겨나는 이유는 좋아하는 일을 하면서 돈 까지 벌 수 있을 것이라는 믿음 때문이다. 이 마음으로 어려운 시기인 구 독자 0명부터 1,000명을 버텨내고, 채널을 조금씩 키워나가기 시작한다. 그러다 이메일로 브랜드 광고가 들어오면 들뜬 마음으로 곧장 협찬 광고 를 진행한다. 하지만 이는 본인 스스로 공든 탑을 무너뜨리는 것과 같다. 아직 유튜브의 특성도 제대로 이해하지 못했고, 시청자들과의 관계도 충 분히 두터워지지 못했기 때문이다. 결정적으로 해당 광고 제품이 내 채 널 이미지와 맞는지조차 구분하기 어렵다. 뷰티 크리에이터가 갑자기 홍 삼 광고를 진행하거나 브이로그 크리에이터가 모바일 게임 광고를 진행 하는 식이다. 이렇게 되면 기껏 모아둔 구독자들과의 관계가 끊어지고 채널은 죽어버리게 된다. 이건 구독자 1만 명 이하의 크리에이터에게만 해당되는 이야기가 아니다. 구독자수에 관계없이 많은 크리에이터들이 이런 광고 유혹, 돈의 유혹에 빠져 본인의 채널 이미지와 맞지 않는 광고 를 하고, 채널을 죽이고 만다.

　"크리에이터로 성공하면, 떼돈 벌기 쉽지 않나?"라고 반문하는 이들 이 있을 것이다. 아주 틀린 말은 아니다. 하지만 이들은 상위 1%에 불과 하다. 하위 50%는 1년에 40만 원도 벌기 힘들다. 이효리가 최근에 인스타 계정으로 다시 광고를 한다고 알렸을 때, 수많은 브랜드들이 댓글로 줄 서기를 한 것과 같다. 상위 1% 크리에이터는 3개월 광고 구좌가 꽉 차 있으므로 광고주들이 해당 크리에이터에게 광고를 맡기기 위해선 오래 기다려야만 한다. 그러나 하위 50%는 광고 영업을 죽어라 해도 광고가 들어오지 않는다. 이것이 유튜브 크리에이터의 현실이며, 채널이 죽어버렸을 때 눈앞에 닥칠 수밖에 없는 필연적인 결과다.

원래 진입 장벽이 낮을수록 경쟁자가 많고, 성공하기 어렵다. 유튜브가 레드오션이 된 이유다. 수많은 책과 강의들이 '유튜브로 월 천만 원 벌기'를 말하는데, 사실 이것이 낙타가 바늘구멍 들어가기만큼 어렵다는 사실은 몇 개월만 해보면 알 수 있다. 어떤 이들은 "10분짜리 영상 만드는 데 얼마나 걸린다고 영상 하나당 수백만 원씩 버느냐?"라며 빈정대기도 한다. 하지만 실제로 해본 이들은 알 것이다. 10분짜리 영상 하나를 만들어 일주일에 한 편씩 업로드하는 데는 엄청난 노력이 들어간다. 기획을 고민하고, 집이 아닌 외부에서는 눈치를 보며 촬영을 진행하고, 멘트를 실수하면 같은 장면을 여러 번 찍고, 이를 편집할 때는 다시 컷 단위로 세세하게 공을 들인다(심지어 화면 전환을 위해 카메라를 두 대 쓰면, 이 작업량도 2배가 된다). 자막도 치고, 곳곳에 효과음을 배치한 다음 영상에 잘 어울리는 배경음악도 들어보고, 색감 보정도 하고, 섬네일 문구부터 인물 배치와 색감까지 전부 고민한다. 다 끝난 줄 알았더니 영상의 제목까지 고민해야 한다. 이 모든 과정이 10분으로 축약되고, 만약 시청자의 선택을 받지 못할 경우 말짱 도루묵이 된다. 늘 시청자의 선택을 갈구할 수밖에 없는 처지에 놓이는 것이 크리에이터의 삶이다. 유튜브를 제대로 하는 크리에이터들에게 물어보면 대부분 이렇게 말한다.

"좋아해서 시작했지만, 일이 되니 스트레스가 엄청나요."

그리고 솔직하게 생각해보자. 세상 어느 누가 돈 쉽게 버는 법을 공유하겠는가? 말도 안 되는 소리다. 간혹 이미 채널을 견고히 성장시킨 크리에이터들이 책과 강의를 통해 콘텐츠 기획과 유튜브 채널 운영법을 해설해주기도 하는데, 아쉽게도 플랫폼 선점 효과라는 측면을 무시할 수는 없다. 현재 유튜브 이용자의 전 연령대에서 가장 인기 있는 카테고리는 영화나 드라마를 리뷰하는 영상이다. 그렇다면 2023년인 지금에 영화나 드라마를 리뷰하는 크리에이터로 시작한다면 성공 가능성은 어떨까? 매우 낮다. 유튜브의 이러한 특성을 가장 잘 표현한 말이 있다.

"그때는 맞고 지금은 틀리다."

그럼에도 불구하고 사이드 프로젝트나 스펙 등 각자의 이유로 유튜브에 뛰어들고 싶은 이들이 있을 것이고, 지금도 꾸준히 유튜브 채널을 운영 중인 이들이 있을 것이다. 이 책은 5년간 MCN에 근무하면서 수많은 크리에이터들이 겪는 문제점들을 지켜본 경험을 토대로 쓴 것이다. 카테고리를 불문하고 크리에이터 모두가 겪는 공통적인 시행착오들이 있었고, 꽤 많은 채널이 이를 극복하지 못하고 죽어버렸다. 지금도 마찬가지다. 5년 전에 발생했던 문제들이 여전히 해결되지 않은 채 산재되어 있다. 이를 위해 각각의 문제점에 대한 해결책을 담았다. 총 네 가지 측면이다. 플랫폼, 콘텐츠, 비즈니스, 크리에이터의 멘탈이다. 채널을 살리는 비법이 되어줄 것이라 자신한다.

유튜버^{Youtube+er}는 아무 생각 없이 그저 맹목적으로 유튜브를 '하는' 사람을 뜻한다. 반면 크리에이터^{Creator}는 다르다. 크리에이터는 유튜브를 이해하고, 시청자를 배려해 그들이 원하는 콘텐츠를 '만드는' 사람이다. 그러니 유튜버의 채널은 죽는 것이고, 크리에이터의 채널은 살아날 수밖에 없는 것이다. 이 책을 읽는 당신이 유튜버가 아닌 크리에이터로 거듭나길 바란다.

2023년 11월,

주힘찬

▶ 차례

4장 · 크리에이터 비즈니스

5장 · 크리에이터 멘탈 관리법

1

유튜브 플랫폼
제대로 이해하기

유튜브 10년,
판이 바뀌었다

1세대 크리에이터들의 첫 영상은, 대부분 2013년에 업로드되었다. 이들의 채널을 매니지먼트하고 비즈니스도 함께 전개해나가는 MCN도 2013년에 생겼다. 10년이다. 한국에 유튜브가 들어와, 유튜브 기반 1인 미디어 산업이 생긴 지 올해로 10년, 과연 어떻게 달라졌을까?

결론부터 이야기하자면, 개인 크리에이터는 성공이 아닌 '생존'을 목표로 해야 하는 시대가 됐다. 유튜브는 더 이상 평범한 사람이 비범한 영향력을 펼칠 수 있는 공간이 아니다.

요즘 유튜브에서 최고의 '밥 친구'라고 불리는 채널을 아는가? 바로 **뜬뜬 DdeunDdeun** 채널의 '핑계고' 시리즈다. 뜬뜬 채널은 안테나 플러스에서 유재석을 중심으로 제작한 것으로, 이 중 '핑계고'는 유재석이 별의별 핑계로 친한 지인들과 함께 일상에서 수다를 떨듯 진행하는 콘텐츠다. 매우 편안한 토크쇼라고 생각하면 되는데, 영상에 집중하지 않고 오디오만 들어도 되니, 밥 먹을 때 틀어놓기 딱 좋아 '유튜브 내 최고의 밥친구'라 불리는 것이다.

핑계고는 2022년 11월에 첫 영상이 올라왔고, 최근 영상 길이는 50분~1시간 10분이다. 평균 조회수는 450만이며, 900만이 넘는 영상도 두 개나 있다. 숏폼의 시대라고 불리는 이 시기에 말이다. 특히 핑계고 시리즈는 업로드될 때마다 '인기 급상승 동영상(인급동)'의 상위권에 랭크되며, 전체 1위를 하는 빈도수가 제일 높은 채널이다.

이 현상이 뜻하는 것은 무엇일까? 유튜브에서 조회수가 이쪽으로 다 빠진다는 얘기다. 그도 그럴 것이, 평범한 개인 크리에이터가 대한민국을 대표하는 국민 MC인 유재석이 조세호, 지석진, 송은이 등 인지도가 높은 게스트와 함께하는 콘텐츠를 이길 수 있을까? 더군다나 핑계고를 만드는 제작진은 10명이 넘는데 거의 방송사 수준이다. 아직은 아마추어라 할 수 있는 개인 크리에이터가 전문가 집단이 제작한 콘텐츠를 이기는 것은 불가능에 가깝다.

마찬가지로 손흥민 선수나 이강인 선수의 화제성을 이길 수 있을까? 그들이 경기를 하는 날에는, 인급동이 그들의 경기 요약본과 분석 영상으로 도배된다. 아이돌한테는 압도적인 팬심에서 밀린다. 신곡 뮤비나 무대 영상, 이영지의 **차린건 쥐뿔도 없지만** 같은 웹예능에 출연한 영상도 어김없이 인급동에 간다. YTN과 같은 뉴스 채널뿐만 아니라, 건축학 유현준 교수의 **셜록현준**이나 정치학 박사가 진행하는 **김지윤의 지식 Play** 채널의 전문성에서도 밀린다. 방송국의 드라마나 예능, 다큐 요약

　　　　　　　　　　　　1장 유튜브 플랫폼 제대로 이해하기

본과 영화 리뷰 채널에는 평균 시청 지속 시간에서 밀린다.

심지어 개인으로 활동하는 것처럼 보이는 각 카테고리의 탑 개인 크리에이터들도 팀으로 움직이는 경우가 대다수다. 기획이나 촬영 및 편집을 도와주는 채널 PD가 있고, 전문적으로 자료 조사만 하는 인원이 따로 있는 경우도 있다.

즉, 혼자서 활동하는 평범한 개인 크리에이터는 기획력, 화제성, 팬덤, 정보의 전문성, 평균 시청 지속 시간 등 모든 영역에서 쟁쟁한 콘텐츠 전문가 집단의 채널로 조회수가 빠지는 것을 막을 수 없는 것이다.

여기서 반드시 짚고 넘어가야 할 것이 있다. 유튜브에서 돈을 버는 방법은 크게 두 가지이며, 그 두 가지는 별개의 것이 아니라 맞물려서 돌아간다는 점이다. 바로 '유튜브 조회수 수익'과 '브랜드 협찬 광고 수익'인데, 당연히 조회수가 잘 나오는 채널에 브랜드 협찬 광고가 몰리기 마련이다. 브랜드 입장에서는 조회수가 잘 나오는 채널에 광고를 맡겨야 그만큼 노출이 많이 되기 때문이다. 즉, 앞서 설명한 콘텐츠 전문가 집단 채널들로 조회수가 빠진다는 것은, 유튜브 내의 브랜드 협찬 광고들도 전부 그들에게 흘러 들어간다는 것을 뜻한다.

개인 크리에이터는 이제 유튜브로 '인생 역전'이나 '월 1천만 원의 수익'을 꿈꾸기는커녕 콘텐츠 전문가 집단에게로 조회수와 수익이 흘러 들어가는 것을 손가락 빨며 지켜볼 수밖에 없는 것이다. 특히 전업으로 활동하는 개인 크리에이터는 유튜브 수익으로 자신의 생활비를 충당할 수 있는가를 걱정해야 하는 상황이 되어버렸다.

유튜브는 땅따먹기 게임과 같다. 무한 확장하는 것처럼 보여도, 이

땅은 크게 늘어나지 않는다. 시청자들의 유튜브 이용 시간은 제한되어 있다는 뜻이다. 구글이 말하는 유튜브의 프라임 타임은 저녁 8시로, 그 시간대에 시청자들이 가장 몰린다. 이는 평일이나 주말 모두 마찬가지다. 평일 기준으로는 학생이건 직장인이건 퇴근 후부터 유튜브를 보는 사람이 늘어나고 8시에 피크를 찍는다. 이후 취침 시간에 맞춰 유튜브 내의 활동량은 점점 줄어들기 시작하고, 출근 시간대에 반짝 늘어났다가 점심시간을 제외하고 전멸 수준에 가까워진다. 다시 저녁 6시쯤 퇴근 및 귀가 시간에 활동량이 늘어나기 시작하면서 저녁 8시에 피크를 찍는 것이다. 주말도 마찬가지다. 대부분의 채널이 저녁 8시쯤부터 앞뒤로 1~2시간 정도까지, 즉 저녁 6시부터 10시 정도까지 활동량이 많아지는데, 시청자들이 주로 자기 전에 유튜브를 즐기기 때문이다. 이렇게 한정된 파이의 유튜브 이용자 시간대에서 위의 콘텐츠 전문가 집단이 상당량의 몫을 가져간 뒤, 남은 부분을 쪼개고 쪼개서 개인 크리에이터들이 겨우 자신의 몫을 챙기는 상황이 되어버린 것이다. 덧붙여 시간이 갈수록 개인 크리에이터들의 몫은 현저히 줄어들고 있다.

이게 바로 초등학생들의 장래 희망 1위로 불리는 유튜브 크리에이터의 현실이다. 1인 미디어로 시작되었지만, 10년이 지난 지금 개인 크리에이터들은 생존 경쟁에 내몰렸다. 이 혹독한 환경을 극복하지 못하고 죽어버린 채널들도 많고, 현실을 직시하지 못한 채 극소수에게만 찾아오는 알고리즘 축복을 기대하며 추가적인 노력을 하지 않고, 예전에 해왔던 방식 그대로 채널을 운영하고 있는 크리에이터들도 많다.

이제 유튜브는 극한 서바이벌의 장으로 변했다. 정신을 차리지 않으면 바로 죽어버린다. 유튜브에서 채널을 운영한다는 것은 피 튀기는 경쟁 속에서 승리가 아닌 생존을 목표로 두어야 한다는 것을 의미한다. 유튜브라는 플랫폼을 철저히 공부해야 하며, 콘텐츠 제작과 운영도 더 이상 운에 맡기지 말고 실력을 키워야 한다. 더군다나 비즈니스는 전문 영역으로, 정확하게 알지 못하면 그동안의 노력에 대한 제값을 받지 못하다가, 공든 탑을 무너뜨릴 수도 있다.

유튜브가 대한민국에 들어온 지 10년, 판이 완전히 바뀌어 버렸다. '1인 미디어'의 문을 활짝 연 유튜브였지만, 이제는 프로들이 누비는 전장이 되었다. 그렇다 해도 이 치열한 전장에서 살아남았을 뿐만 아니라 우뚝 선 개인 크리에이터들이 탄생하는 곳이 또 유튜브이기도 하다. 구글이 유튜브라는 멍석을 깔았으니, 자신만의 생존법을 찾아 이를 현명하게 사용하는 자는 살아남아 마땅하다. 하지만 사활을 걸어야만 한다.

조회수보다 중요한 것은 시청 완료율

유튜브에서 가장 중요한 지표는 구독자수도, 조회수도 아니다. '평균 시청 지속 시간', 즉 시청자가 해당 영상을 얼마나 길게 봤는지가 더 중요하다. 유튜브는 구글이 돈을 벌기 위해 만든 플랫폼으로 관심 경제의 산물이다. 시청자의 관심이 곧 회사의 수익과 직결된다. 시청자가 유튜브를 오래 이용해야 광고에 노출될 확률이 높아지고, 그래야 광고 효과가 올라가 구글이 높은 광고 수익을 올리게 된다. 쉽게 말해 오프라인 매장에 고객 체류 시간이 길어야 제품이 더 많이 노출되고, 구매로 이어질 확률이 높아지는 것과 같다.

크리에이터 또한 유튜브 채널을 통해 벌어들이는 조회수 수익의 기본은 광고다. 이는 브랜드의 협찬 광고와 다른 개념으로, 크리에이터 입장에서도 시청자가 영상에 머무르는 시간이 길어야 더 많은 광고 수익을

1장 유튜브 플랫폼 제대로 이해하기

얻을 수 있다. 현재 유튜브에서 운영 중인 광고 유형은 다음 세 가지다. 이를 보면 시청자가 동영상을 끝까지 볼수록 광고에 더 많이 노출되고 광고 효과가 더 올라간다는 것을 알 수 있다.

출처: 유튜브 광고 채널

① 디스플레이 광고: 메인 영상 옆 배너 형식 광고

② 건너뛸 수 있는 동영상 광고: 동영상 시작 전 보이는 프리롤, 동영상 길이가 8분이 넘어가야 넣을 수 있는 미드롤, 동영상 종료 후 보이는 포스트롤

③ 건너뛸 수 없는 동영상 광고

그런데 여기서 의문점이 하나 생길 것이다. '동영상 길이가 길면 평균 시청 지속 시간이 길어지는 것 아닌가?' 이를 위해 구글이 고안한 지표가 '평균 조회율average percentage viewed '이다. 평균 조회율이란 각 영상에서 시청자가 얼마나 오래 봤는지를 알려주는 지표로, 시청자가 해당 영

	전체 영상 길이	시청 완료율(평균 조회율)	평균 시청 지속 시간
A	10분	30%	3분
B	4분	60%	2분 24초

상을 평균 몇 퍼센트 정도 시청 완료했는지를 나타낸다. 크리에이터에게 설명할 때는 평균 조회율이라는 표현보다 '시청 완료율'이라고 해야 더 쉽게 이해한다.

위 표에서 A와 B를 비교하면, B는 A에 비해 평균 시청 지속 시간의 절대량은 적지만, 전체 영상 길이 4분 중 60%를 봤기 때문에 B가 시청자에게 더 많은 관심을 받은 영상이라 할 수 있다. 반면 A 영상은 시청자가 영상 중간에 이탈할 확률이 더 높다. 구글 입장에서도 시청자의 관심도가 높은 영상이 돈이 되므로 시청자에게 알고리즘을 통해 A보다 B를 더 추천해줄 것이다.

여기서 주의할 점은 영상의 길이가 길어질수록 시청 완료율은 떨어질 수밖에 없다는 것이다. 일반적으로 영상 길이가 1분 미만인 숏폼 콘텐츠의 경우 시청 완료율이 80~90%이지만, 3분에서 8분 정도가 되면 30~60%, 8분 이상은 30% 미만으로 떨어진다. 카테고리에 따라 차이가 있지만 대략적인 평균치다. 그래서 시청 완료율 관점에서 보면 왜 섬네일을 통한 낚시성 영상이 알고리즘적으로 통하지 않는지 그 이유를 알 수 있다. 시청자들은 섬네일에서 기대했던 바와 내용이 다르면 바로 이탈해버린다.

그렇다면 시청 완료율이 압도적으로 높은 카테고리는 무엇일까? '뮤직 카테고리'다. 노래는 한번 들으면 대부분 끝까지 듣는 경향이 있다. 아티스트 곡의 경우 70~90%의 시청 완료율을 보인다. 뮤직비디오, 음원, 무대 영상도 마찬가지다. 아티스트 채널의 시청자당 평균 조회수는 5~10회 정도에 육박한다. 한 명의 팬이 한 개 영상을 5번에서 10번 정도는 돌려 본다는 뜻이다. 그래서 K-POP 아이돌 채널의 성장 속도가 빠르고, 아이돌이 신곡을 발표하면 대부분 인기 급상승이라고 뜬다. 시청 완료율이 긴 영상을 밀어야 구글도 수익적으로 이익을 보기 때문이다.

커버곡이나 커버댄스 채널이 빠르게 크는 이유도 이와 같다. 다만 이런 채널의 경우 저작권 문제가 있어 조회수 수익은 음원 저작권자에게 돌아간다. 대신 커버곡과 커버댄스 채널이 빠르게 크는 만큼 브랜드의 광고 제안이나 오프라인 행사와 같은 다른 비즈니스 기회가 많아 부가 수익을 얻기에 좋다. 커버곡 크리에이터 중 일부는 아예 자신의 음원을 내기도 하고, 커버댄스 크리에이터는 안무 창작을 통해 수익 구조를 다양화하기도 한다.

아이돌만큼 팬덤이 강한 아티스트 채널은 트로트 가수다. 2020년 TV조선에서 방영한 오디션 프로그램 〈내일은 미스터트롯 1〉에 출연해 큰 인기를 얻은 임영웅, 정동원, 이찬원, 장민호는 당시 TV에서 방영된 〈내일은 미스터트롯 1〉이나 〈사랑의 콜센타〉, 〈뽕숭아학당〉 등의 무대 영상을 자신들의 유튜브 채널에 올려 단기간에 채널을 급성장시켰다. 무대 영상은 뮤직 카테고리의 성격을 가져 시청자들이 노래가 끝날 때까지 시청하는 경향이 있어 높은 시청 완료율을 확보할 수 있다. 이렇게 알고리즘을 활용한 채널 활용 전략으로 해당 채널 모두 시청자를 끌여들어 급성장할 수 있었다.

KT의 디지털 마케팅 플랫폼이자 미디어렙^{Rep}사인 나스미디어에 따르면 2023년 현재 전 연령대가 유튜브에서 가장 즐겨보는 카테고리는 '영화 & 드라마 리뷰 콘텐츠'다. 이 콘텐츠는 2020년부터 급성장하기 시작했는데, 영화나 드라마를 요약하는 내용이다 보니 다른 콘텐츠에 비해 영상 길이(보통 2시간짜리 영화는 10~20분, 16부작 드라마는 60분)가 길 뿐 아니라 해당 영상을 보는 이유가 전체 스토리 요약과 결말이라 평균 시청 지속 시간이 길며, 시청 완료율도 압도적으로 높다. 일반 영상은 8분만 넘어가도 시청 완료율이 30% 미만으로 떨어지지만, 리뷰 콘텐츠는 30분 길이의 영상도 시청 완료율이 80%를 넘기도 한다. 때문에 조회수 수익이 잘 나오는 콘텐츠다. 잘 만든 리뷰 영상의 경우 수천만 원까지 나온다.

요즘은 아예 제작사, 유통사, OTT, 방송국 등에서 영화나 드라마를 홍보하는 방법으로 리뷰 채널과 협업하거나 자체 채널을 통해 리뷰 콘텐츠를 제작하기도 한다. 영화나 드라마도 음원처럼 저작권 문제가 존재하는데, 저작권 사용 허락, 즉 화이트 리스트 처리를 하면 크리에이터가 리뷰 영상을 만들 수 있다. 이들은 지난 영화나 드라마를 리뷰하기도 하는데, 해당 영상이 반응이 좋아 넷플릭스 같은 OTT에서 다시 화제가 되거나 역주행하는 경우도 있다. 드라마 〈나의 아저씨〉, 〈멜로가 체질〉 등이 대표적인 예다.

2006년 구글은 유튜브를 인수하면서 유튜브를 수익 창출을 위한 플랫폼으로 만들기 위해 구조를 명확히 했다. 유튜브는 모든 카테고리에서

> 구글의 멀티포맷 전략은 채널 메인 화면을 보면 알 수 있다. 기존에는 동영상과 라이브 탭밖에 없었지만, 2021년에는 쇼츠, 2023년에는 팟캐스트가 생겼다.

시청 완료율을 가장 중요하게 여기기 시작했고, 소비자에게 광고를 더 많이 더 오래 노출하기 위해 시청자가 오래 시청하는 영상에 주목한다. 그래야만 구글이 얻는 광고 수익이 커지기 때문이다. 결국 유튜브는 크리에이터와 광고주를 연결해 구글의 수익을 창출해주고 있는 것이다.

현재 구글의 유튜브 개발 방향성은 멀티포맷Multi-Format 전략이다. 멀티포맷이란 한 개의 채널 안에 일반 동영상 외 쇼츠, 라이브, 팟캐스트 등 다양한 포맷의 콘텐츠가 포함되는 것을 뜻한다. 이유는 무엇일까? 플랫폼 경쟁에서 이기기 위함이다. 틱톡 대신 유튜브에서 쇼츠를, 트위치 대신 유튜브에서 라이브를, 멜론 대신 유튜브에서 아티스트의 발표곡을, 스포티파이 대신 유튜브에서 팟캐스트를 들으라는 것이다.

모든 디지털 플랫폼의 수익 창출 방식은 같다. 시청자의 관심을 얼마나 오랫동안 사로잡을 수 있는가다. 향후 유튜브의 기능적 업데이트는 멀티포맷 전략에 맞춰 진행될 것이다. 이를 통해 크리에이터가 한 개의 채널 안에서 다양한 콘텐츠를 제작하게 만들어 시청자의 선택 폭을 넓히고, 그들이 유튜브에 체류하는 시간을 늘리고자 한다.

취향에도
디레일이 필요하다

유튜브가 취향 기반 플랫폼이라는 사실을 모르는 사람은 없을 것이다. 많은 크리에이터가 자신이 좋아하는 콘텐츠로 유튜브에 입문한다. 유튜브 시장이 커지고 크리에이터라는 직업에 대한 관심도가 올라가기 시작한 과도기적 시절에는 잘되는 콘텐츠를 따라 무작정 시작한 사람들이 많았지만, 그들 중 살아남은 사람은 많지 않다. 같은 소재여도 취향이 반영된 자신만의 이야기가 담긴 콘텐츠여야만 꾸준히 지속하는 힘이 생긴다. 여기에 구독자가 매료되고, 커뮤니티 비즈니스로 발전해 나의 취향이 유튜브에서 하나의 카테고리가 되는 것이다.

전자제품을 다루는 IT 카테고리 크리에이터는 많다. 하지만 하위 카테고리로 들어가면 더 세세하게 구분된다. **Route 9 루트나인**은 애플 제품을 중심으로 다루지만, **게임장비리뷰 겜용이**는 게임 장비를, **귀곰**은 생활가전을 주로 다룬다. 전체 카테고리는 IT 하나지만, 좋아하는 기기 분야에 따라 세부적으로 나뉜다. 심지어 조립 컴퓨터를 중점으로 다루는 크리에이터도 있다. 시청자는 디테일하게 구분된 이 취향 플랫폼에서 자신의 취향에 맞는 채널을 선택해 구독한다. 예를 들어, 애플 제품만 찾는 아이폰빠라면, 루트나인 채널을 구독할 가능성이 높은 것이다.

영화 및 드라마 리뷰 크리에이터도 마찬가지다. 각 채널에서 인기 있는 영상을 살펴보면, 장르적으로 명확히 구분된다. 액션, 로맨스, 코미디, 스릴러, 공포, SF, 19금 등 장르별로 강세인 리뷰 크리에이터가 있을 정도다. 꼭 장르가 아니더라도 한국, 미국 등 나라별로 나뉘기도 한다. 그래서 액션 영화 리뷰를 주로 하는 크리에이터가, 광고가 목적이든 진짜 추천하고 싶어서든 갑자기 로맨스 영화 리뷰를 올리면 조회수가 잘 나오지 않는다. 액션 영화를 좋아해서 해당 채널을 구독한 시청자들이니 조회수가 안 나오는 건 당연하다.

크리에이터 카테고리를 '푸드', '뷰티' 이렇게 단순하게 나누는 시대는 지났다. 같은 카테고리여도 크리에이터가 얼마나 디테일한 취향을 가지고 있고, 차별 포인트가 있느냐가 중요하다. 너무 정석적인 말 같지만, 일에 대한 '진정성'이 없다면 오래가기 힘들다. 이는 어떤 일을 하든 마찬가지다. 크리에이터라고 해서 예외는 아니다. 자신만의 디테일한 취향을 가지고 있어야 나의 이야기를 할 수 있고, 그 이야기에 시청자가 흥미를 갖고 공감해야 채널을 구독한다.

2022년 말에 방영된 Mnet 힙합 경연 프로그램 〈쇼미더머니11〉에서는 '드릴'이라는 힙합 장르가 새롭게 떠올랐다. 힙합 크리에이터 **류정란**

▎〈쇼미더머니11〉이 뜨기 전부터 국내의 드릴 래퍼들을 소개해온 류정란은 디테일한 취향을 바탕으로 자신만의 이야기를 풀어내 팬들의 공감을 얻어냈다.

은 트렌드를 빠르게 캐치해 방송 4개월 전부터 드릴 장르로 유명한 래퍼들을 모아 '대한민국 드릴 싸이퍼'라는 영상을 만들었다. 이 영상에 나온 엔에스더블유 윤^{NSW yoon}과 플리키뱅^{Fleeky Bang}은 〈쇼미더머니11〉에서 이슈가 되었고, 이후 이들이 나온 영상은 류정란 채널에서 높은 조회수를 기록했다. 힙합을 진짜 좋아했기에 변화를 빠르게 캐치할 수 있었고, 이를 콘텐츠로까지 연결할 수 있었던 것이다.

특정 카테고리가 뜨면 좋아하지도 않으면서 일단 해보는 크리에이터들이 여전히 있다. 대부분은 잘 모르는 분야라 남들이 올린 주제를 따라 하다가 만족할 만한 결과가 빠르게 나오지 않으면 금방 포기해버린다. 이렇게 유행만 좇아 따라 한 영상은 초반에 뜨는 카테고리로 연결되어 노출은 많이 될 수 있으나, 취향 기반으로 뭉친 시청자들 눈에는 가짜라는 것이 보일 수밖에 없다.

　몰래카메라 콘셉트의 유튜브를 운영하는 **수상한녀석들**은 1990년대 TV에서 유행했던, 길 가는 사람에게 장난을 걸고 반응을 보는 '프랭크 prank (농담으로 하는 장난) 카메라'를 대한민국 최초로 시작한 크리에이터다. 이들은 사람들의 진짜 반응이 나올 때까지 하나의 영상을 위해 2주 넘게 촬영하기도 한다. 이 채널이 인기를 끌자 '흡연하는 일진들 참교육하기', '친구가 먹는 음식에 몰래 핫소스 넣기' 등 보다 자극적인 소재로 시청자의 눈길을 사로잡을 만한 과장된 반응만 편집해 보여주는 채널들이 생겨났다. 그런데 이들 중 가짜가 너무 많았다. 인기 있다고 하니 연기자를 섭외해 진짜인 것처럼 촬영한 것이다. 이들의 거짓 행각은 얼마 가지 않아 유튜브에서 주작러를 감별하는 콘텐츠를 운영하는 **전국진** 채널에서 낱낱이 밝혀졌다. 전국진이 GSP 위성 사진에서 타임라인까지 하나하나 따져가며 사실관계를 증명해낸 것이다(전국진 채널의 진정성이 느껴지는 부분이다).

　결국 유튜브의 핵심 경쟁력은 콘텐츠에 대한 진정성이다. 내가 진짜 좋아하는 것인지, 내 취향인지, 그리고 그것을 얼마나 디테일하게 표현하고 있는지다. 온라인 강의나 여러 책에서 말하는 '유튜브 성공하는 10가지 법칙'이나 '끝장나게 편집하는 방법'은 중요하지 않다. 초반 유튜브 시장에서는 이러한 기술이 가능했을지 몰라도 취향이 파편화된 지금은 오히려 독이 될 뿐이다.

　　　　　　　　　　　　　　1장 유튜브 플랫폼 제대로 이해하기

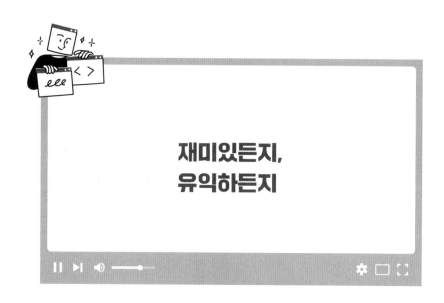

재미있든지,
유익하든지

사람들이 유튜브를 보는 이유는 간단하다. 재미나 정보를 얻기 위해서다. 심심할 때 보는 시간 때우기 용으로 유튜브를 찾는 사람들이 많지만, 그렇다고 해서 그들이 아무 영상이나 보는 것은 아니다. 기본적으로 자신이 좋아하는 카테고리의 영상을 찾고, 그 안에서 재미있거나 유용한 영상을 알고리즘에 따라 유영하는 게 일반적인 패턴이다.

유튜브 플랫폼의 정체성에 맞게 재미와 정보도 취향 관점에서 생각할 필요가 있다. 내가 재미를 느끼는 영상에는 '내가 좋아하는'이라는 전제가 붙는다. 강아지를 좋아하는 사람이 파충류 영상에서 재미를 느끼지는 않을 테니 말이다.

정보를 얻기 위해 유튜브를 찾는 사람들도 많아졌다. 예전에는 포털 사이트 지식인에서 찾았을 법한 내용들을 이제는 유튜브에서 검색한다.

이사할 때 전세 사기당하지 않는 법, 연말정산 하는 법, 운전 초보 평행 주차 하는 법, 고기 잘 굽는 법 등 다양한 정보를 텍스트가 아닌 영상으로 얻는 것이다. 여기에도 취향이 반영되는데, 메이크업에 관심 있는 사람들은 화장품 리뷰나 ○○ 스타일로 메이크업하는 법 등을 찾아본다. 나스미디어에 따르면 실제로 정보 검색 툴로 네이버와 유튜브를 사용하는 격차는 점점 줄어들고 있다. 즉, 유튜브의 모든 카테고리는 '재미' 또는 '정보'로 나눌 수 있다. 재미와 정보를 가로축과 세로축으로 나눠 어떤 방향성을 추구하는 게 내가 하고자 하는 콘텐츠와 맞는지 고민해봐야 한다.

예를 들어 강아지 영상을 유튜브에서 검색하면 재미 중심의 콘텐츠가 상위권에 있다. 이는 강아지 영상에서 시청자가 얻고자 하는 건 정보보다는 재미라는 것을 말해준다. 그렇다고 정보성 영상이 없는 건 아니다. 강아지의 분리 불안 극복하는 법, 강아지한테 먹이면 안 되는 음식 등 강아지 관련 전문 지식을 다루는 수의사 채널도 있다. 다만 이렇게 정보만 다룰 경우 채널 성장에는 한계가 있기 마련이다. 강아지 영상의 주요 시청자층은 강아지를 키우고 싶지만 그렇지 못한 사람들이 많다. 대리만족을 위해 영상을 찾기 때문에 실제 키우는 법보다는 강아지의 애교나 리액션 또는 감동 스토리가 담긴 영상을 더 선호한다.

그런데 만약 재미도 있는데, 정보까지 얻을 수 있다면 어떨까? 개통령으로 불리는 **강형욱의 보듬TV**는 강아지라는 큰 카테고리 안에서 주제별로 콘텐츠를 제작한다. '견종백과'의 경우 다양한 견종의 생김새나 특징, 장단점, 활동량, 반려 난이도 등 정보 위주의 내용이지만, '강형욱의

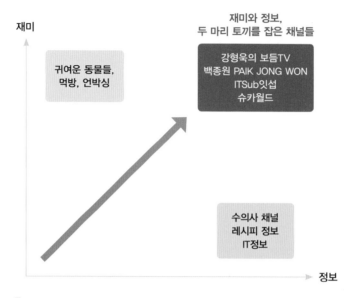

재미와 정보, 두 마리 토끼를 잡기는 어렵다. 하지만 높은 조회수를 자랑하는 채널은 대부분 이 두 가지 요소를 모두 갖추고 있다.

개스트쇼'는 연예인 반려동물 토크쇼로 귀여운 강아지 영상을 볼 수 있다. 재미와 정보를 모두 잡은 보듬TV는 구독자 186만 명(2023년 9월 기준, 이하 구독자수, 조회수 등 수치 기준 동일)의 평균 조회수도 높고 안정적인 채널이다.

이는 정보 중심 카테고리에서도 마찬가지다. IT 제품 리뷰는 정보성 콘텐츠다. 제품의 스펙은 어떤지, 실제 사용해본 후기, 디자인 평가, 장단점 등을 중심으로 진행한다. 이런 콘텐츠는 정확성과 전문성이 중요하지만, 이 점만 신경 쓰다 보면 보는 사람 입장에서는 지루하게 느낄 수 있다. **ITSub잇섭**은 IT 제품 리뷰를 대표하는 채널로 중간중간 섞여 있는 크리에이터의 개그 요소가 좋은 반응을 얻고 있다. 주로 영상 인트로에 개그 요소를 활용하는데, 맥북 프로 리뷰 영상에 '어느새부터 힙합은 안 멋져를 부른 이찬혁'을 패러디하는 식이다. 잇섭의 인트로만 모은 영상이 따로 있을 정도로 인기가 많다. IT 카테고리는 대부분 정보 전달에만 치중한 콘텐츠가 많아 다른 카테고리와 달리 구독자수 차이가 큰 편이다. IT 카테고리에서 100만이 넘는 구독자를 보유한 채널은 잇섭이 유일하다.

이밖에 재미를 기반으로 정보 요소를 가미함으로써 성공한 사례로 **백종원 PAIK JONG WON** 채널을 들 수 있다. '님아 그 시장을 가오'나 '배고파' 시리즈를 보면 레시피도 소개하지만 지방이나 외국 여행을 가서 현지의 풍경을 보여주며 그곳 사람들과 친근하게 대화를 나누는 모습, 현지인만 아는 맛집을 가서 음식을 먹고 중간중간 해당 요리 관련 정보를 조금씩 가미하는 내용이다. 즉, 기본적으로는 수백만 조회수가 터지는 레시피 영상과 여행 형태의 콘텐츠에 음식 정보를 툭툭 던지는 방식으로 '재미'와 '정보'의 훌륭한 밸런스를 이루고 있다. 또한 경제나 금융을 기반으로 하면서 정치사회, 국제적 이슈까지 다양한 주제를 넘나드는 **슈카월드**도 재미와 정보를 모두 잡은 채널의 사례다. 재미있는 해설, 친근한 캐릭터 그리고 눈길을 끄는 섬네일의 조합으로 '아저씨들의 아이돌'이라는 별칭을 얻기도 했다. 결국 유튜브는 재미와 정보를 모두 담아야 한다. 한 가지 방향성을 추구하기도 쉬운 일은 아니지만, 두 마리 토끼를 동시에 잡았을 때야말로 대체 불가능한 채널로 성장할 수 있다.

'브랜드 채널'이라고
꼭 알려야 하나?

유튜브 채널을 운영하는 대부분의 브랜드는 아주 명확하게 채널에서 브랜드 아이덴티티를 드러낸다. 채널명을 브랜드명 그대로 사용하거나, 화면 상단에 위치해 채널의 대문 역할을 하는 채널 아트에 브랜드의 아이덴티티가 담긴 컬러와 로고를 함께 배치하는 식이다. 심지어 콘텐츠 소재도 브랜드 상품이다. 브랜드 채널에서 자기네 브랜드를 홍보하는 게 무슨 문제일까 싶겠지만, 이렇게 채널을 운영할 경우 시청자 눈에는 광고 영상으로 가득한 채널로 보인다.

시청자가 유튜브를 이용하는 이유는 재미나 정보를 얻기 위함이지 광고를 보기 위해서가 아니다. 소비자에게는 기본적으로 광고에 대한 부정적인 인식이 깔려 있다. 소비자의 광고 거부감은 여러 사례에서도 알 수 있다. 첫 번째가 시청 경험의 훼손 측면이다. 2020년 4월 구글이 8분이 넘어가는 영상 중간에 광고를 삽입할 수 있는 미드롤 광고 도입을 발표하자, 시청자들은 광고가 시청 경험을 방해한다며 바로 부정적인 의견을 내비쳤다. 이에 구글은 광고가 나오는 시점은 장면이 바뀌거나 대화가 끝나는 등 새로운 주제로 전환되는 부분일 거라면서 시청자 경험을 배려해 미드롤 광고를 개발했다고 밝혔다. 실제로 수동으로 크리에이터가 미드롤 광고를 넣을 경우, 두 인물 간에 대화하는 도중이나 크리에이터가 혼자서 말을 쭉 하는 시점에는 삽입이 불가능해 구글의 말이 맞긴 하다. 현재는 많은 크리에이터가 미드롤 광고를 삽입하고 있다.

2023년 5월 미국의 미디어와 광고주가 모두 참석하는 행사인 업 프런트Upfornts에서 유튜브는 또 한 번 광고 도입을 알렸다. 미국뿐 아니라 전 세계적으로 유튜브를 TV로 보는 시청자가 늘면서 TV 광고와 동일한 '건너뛸 수 없는 30초 광고'를 도입하기로 한 것이다. 이는 긴 영상도 거부감 없이 보는 시청 형태의 변화가 반영된 것이기도 하다. 나스미디어가 2023년 조사한 바에 따르면 유튜브를 시청하는 기기 유형은 모바일(62.4%), PC(12.8%), TV(12.4%), 태블릿(12.1%) 순이다. 여전히 모바일이 큰 비율을 차지하지만, PC와 TV 비율이 상승하는 추세라 구글은 기존 TV 광고와 모양새가 같은 광고를 통해 수익을 얻고자 한 것이다. 이번에도 시청자들은 "유튜브를 대체할 플랫폼이 나왔으면 좋겠다", "커피 두 잔 값인 유튜브 프리미엄을 그냥 구독해서 광고를 안 보는 편이 낫다"와 같은 거부 반응이 대부분이었다.

물론 시청자가 모든 광고에 거부감을 드러내는 것은 아니다. 잘 만든 광고는 긍정적인 파급력을 일으키는 훌륭한 수단이 되기도 한다. 쓰레기를 활용하여 '병맛' 발명품을 만드는 크리에이터 **발명! 쓰레기걸 Trash girl**의 〈캔디맨〉 광고가 대표적인 예다. 달콤한 이름과 달리, 오싹한 호러물인 〈캔디맨〉 영화를 발명! 쓰레기걸은 그다운 쓰레기 콘셉트로 접근한다. 띠부씰을 모으고 그 맛에 중독이 되어 계속 '캔디맨'을 사는데, 매번 상자 안의 내용물이 으시시한 사체를 연상시키면서 보는 사람을 오싹하게 만든다. 무려 6분이 넘는 동영상이지만 조회수가 700만을 넘어서는 인기를 끌었다. 발명! 쓰레기걸이 만든 또다른 광고 영상인 '돼지바'도 4분 동안 롯데 돼지바를 소재로 갖가지 코믹 버전을 선보이며 시청자들의 시선을 고정시켰는데, 이 또한 조회수가 700만이 넘었다. 이밖에도 발명! 쓰레기걸이 만든 여러 광고 영상이 수백만의 조회수를 기록했으며 가장 낮은 조회수가 195만일 정도로 '참고 보는'이 아니라 '믿고 보는' 광고의 대명사가 되었다.

발명! 쓰레기걸의 광고 영상들은 어떻게 이런 폭발적인 조회수를 얻을 수 있었을까? 간단하다. 재미다. 재미를 내세운 브랜드 유튜브 채널의 성공적 사례로 롯데홈쇼핑에서 운영하는 **벨리곰TV-Bellygom TV**도 눈여겨볼 만하다. 채널 초창기에는 이 채널이 롯데홈쇼핑 브랜드 채널인지 아무도 몰랐다. 지금도 벨리곰이 롯데 캐릭터라는 것을 모르는 사람들이 많다. 이 채널을 기획한 기획자는 기획 의도에 대해 이렇게 말했다.

"캐릭터에 롯데라는 브랜드를 접목하기보다 캐릭터 자체의 친근함으로 고객에게 다가가고 싶었습니다. 롯데홈쇼핑이라는 브랜드와 캐릭터를 직접적으로 연결하지 않아도 다양한 영역에서 벨리곰을 접하면서, 자연스럽게 벨

롯데홈쇼핑의 벨리곰TV는 재미를 내세운 브랜드 채널의 대표적인 사례다. 롯데를 내세우기보다 친근한 캐릭터를 부각시킴으로써 고객들의 호응을 얻었다.

리곰이 롯데홈쇼핑 캐릭터라는 것을 소비자가 인식할 수 있도록 하는 것이 저희가 추구하는 방향입니다."

귀엽지만 거대한 핑크색 벨리곰이 홍대 길거리, 지하철역, 집 앞 엘리베이터, 인형 뽑기 기계, 심지어 대형 벨리곰 캐릭터가 있는 롯데타워 앞에 직접 등장해 사람들을 놀래주는 영상은 시청자에게 웃음과 재미를 선사한다. 롯데는 브랜드 캐릭터의 성공을 기반으로 잠실과 연남동에 팝업 스토어를 여는 등 훌륭한 팬덤 비즈니스를 보여주고 있다.

그렇다면 정보 제공에 중점을 둔 브랜드 채널은 무엇이 있을까? 라이프스타일 슈퍼앱 오늘의집은 인테리어 관련 앱 중 가장 이용률이 높은 것으로 알려져 있다. 제품 소개와 더불어 다양한 인테리어 아이디어를 제공

비포애프터 Before After 오늘의집

(엄마 눈물)

1.8평 엄마 방의 대변신

소비자들의 실제 공간을 인테리어 하기 전과 후로 비교해 보여주는 오늘의집 영상. 평균 조회수가 높고, 때로는 100만이 넘기도 한다. 광고라는 거부감 없이, 소비자가 유익한 정보를 얻을 수 있도록 했다.

하는 **오늘의집** 유튜브 채널이 주목받기 시작한 건 코로나19로 사람들이 집에 머무르는 시간이 길어지면서 실내 인테리어에 관심이 늘어난 영향이 크다. 하지만 엔데믹으로 접어든 현재도 평균 조회수가 10~20만 정도로 안정적인 수준이고, 100만 조회수에 가까운 콘텐츠도 자주 나온다.

시의적인 상황으로 유입된 시청자가 이탈하지 않고 꾸준히 채널을 이용할 수 있었던 건 실제 사례를 빌려 정보를 전하는 콘텐츠에 있다. 오늘의집은 구독자 사연을 받아 실내 인테리어를 바꿔주는 '비포애프터' 시리즈를 진행하고 있는데, 여기에는 인테리어라고 부를 만한 것이 전무한 사연자의 방이 등장하고, 오늘의집이 그 방을 어떻게 변화시키는지 보여준다. 주로 1~7평처럼 인테리어하기 힘든 좁은 공간이나 20~30년

된 노후한 공간이 대상이라 비포애프터가 더 인상적으로 보인다.

이 시리즈는 디테일하게 타기팅된 콘텐츠로, 오늘의집은 결혼 연령 상승, 비혼주의 등 1인 가구의 규모가 나날이 커지면서 원룸에 사는 사람이 많아졌다는 점에 주목했다. 이들이 집에 머무르는 시간이 길어지면서 좁고 오래된 공간은 더 답답하고 지저분하게 느껴졌을 것이다. 게다가 오늘의집이 판매하는 실용적이고 가성비 있으면서도 인테리어 효과까지 갖춘 제품 구매 타깃층과도 맞았다.

벨리곰TV와 오늘의집처럼 잘 매니지먼트된 브랜드 채널은 평균 조회수가 널뛰지 않고 안정적이다. 대부분의 브랜드 채널은 구독자수가 몇십만, 몇백만이어도 조회수가 1~2만 정도밖에 나오지 않는다. 간혹 대박 터진 영상이 나오기는 하나 일회성이거나 구글 애즈를 통해 매체 집행을 한 영상이다. 즉, 돈을 내고 광고를 한 것이다. 이런 영상을 보면 댓글수가 조회수에 비해 압도적으로 적지만, 앞서 설명한 두 채널은 댓글수와 좋아요수도 일반 크리에이터 영상과 큰 차이가 없다.

소비자가 거부감을 느끼지 않으면서 브랜드에 흥미를 갖게 만드는 건 광고주와 대행사, 그리고 제작사의 숙원이다. 그런데 왜 유독 유튜브 채널에서는 이러한 점을 간과하고 있는지 의문이다. 새로운 광고 수단으로 유튜브를 잘 활용하려면 유튜브라는 플랫폼 특성에 맞게 재미 혹은 정보를 선명하게 보여줘야 한다는 점을 명심해야 한다.

유튜브 트렌드 따라잡기 1~5기

유튜브 채널 수익은 크게 조회수 수익과 브랜드와 협업하는 형태의 광고 수익 2가지다. 조회수 수익은 크리에이터와 TV 방송국이 유튜브 내에서 제작하는 콘텐츠 유형의 변화를 이끌었는데, 영상이 길어질수록 삽입되는 미드롤 광고의 개수가 늘어나 조회수 수익은 극대화된다. 그래서 브랜드는 조회수가 높은 콘텐츠에 탑승해 제품을 노출하려 하고, 디지털 마케팅의 흐름도 각 시기에 유행하는 콘텐츠 유형을 따라갈 수밖에 없는 구조다.

유튜브도 이러한 돈의 흐름에 따라 유행하는 '콘텐츠의 유형'이 바뀌어 왔지만, 그렇다고 이전의 콘텐츠 유형이 사라진 것은 아니다. 앞서 말했듯이 유튜브는 취향 플랫폼인 만큼 흐름과 별개로 특정 취향을 향유하는 시청자가 존재하고, 그런 카테고리의 크리에이터들은 자신만의 길을 걷고 있다.

그럼에도 유튜브 콘텐츠 유형이 어떻게 변화해왔는지를 알아야 하는 이유는 흐름을 볼 줄 알아야 신규 콘텐츠를 기획할 수 있기 때문이다. 유튜브는 짧으면 1년도 채 안 되어서 콘텐츠 유형이 바뀔 정도로 트렌드가 빠르게 변하는 플랫폼이라 이를 파악하는 게 중요하다. 트렌드를 좇기 위함이 아니라 유튜브라는 플랫폼에서 어떤 크리에이터가 어떤 기발한 콘텐츠를 통해 붐을 일으켰는지를 아는 건 크리에이터에게 가장 좋은 참고 자료가 된다.

1기: 인플루언서 마케팅의 시작(2015년~)

국내 최초 MCN인 CJ ENM DIA TV가 2013년에 생기면서 크리에이터에 관한 관심이 높아지기 시작했다. 그로부터 2년 뒤인 2015년에는 '인플루언서 마케팅'이 화두가 되어 일부 대학교에서는 1인 미디어에 관한 강의가 생기기도 했다. 당시에는 유튜브 크리에이터보다 아프리카TV, 페이스북, 인스타그램, 네이버 블로그 등 다양한 플랫폼에서 활동하는, 지금으로 말하면 '인플루언서'가 1인 미디어의 중심이었다.

국내에서 유튜브를 메인 플랫폼으로 이끈 1등 공신은 아프리카TV에서 활동하던 대도서관의 유튜브 이적이다. 그가 이적을 선언한 2016년만 해도 실시간 스트리밍은 아프리카TV가 중심이었고, 여기에서 활동하는 BJ들이 이끌었는데, '유튜브로도 수익을 올릴 수 있다'라는 이야기가 퍼지면서 아프리카TV의 BJ뿐 아니라 일반 사람들도 유튜브에 관심을 갖기 시작했다. 대도서관은 2023년 1월에서야 '대도서관이 아프리카TV를 나왔던 이유'를 영상으로 제작해 유튜브 채널에 올렸는데, "인플루언서 산업 자체를 건강하게 만들기 위해 좀 더 자유로운 유튜브로 옮기게 되었다"라고 말했다.

2016년 10월, 대도서관이 유튜브로 이적하면서 본격적인 1인 미디어 시장이 개막했다. 아프리카TV의 BJ뿐 아니라 일반 사람들도 유튜브에 진입하면서 크리에이터 카테고리 중 가장 대중적인 카테고리로 불리는 푸드(먹방, 쿡방), 게임, 뷰티, 키즈, 뮤직(커버곡, 커버댄스), 펫 등이 만들어지기 시작했다. 이때까지만 해도 카테고리가 세부적으로 나뉘지는 않았다.

하지만 유튜브에 대한 이해도가 높지 않아 모든 평가의 기준이 구독자수였고, 구독자수만 높으면 많은 광고 제안과 높은 광고 단가를 받았다. 문제는 광고 시장은 세부 타깃이 존재하는데, 구독자수에만 초점을 맞춰 마케팅하다 보니 광고 효과가 기대만큼 나오지 않았다. 결국 시장에서는 인플루언서 마케팅에 대한 의구심이 나돌기 시작했다.

2기: 마이크로 인플루언서(2018년~)

그렇다 보니 "구독자 100만 명의 크리에이터에게 수천만 원을 주고 광고 한 건을 하느니, 차라리 그 돈으로 구독자 1만에서 10만 이하의 크리에이터 10명에게 광고하는 게 더 낫다"라는 말도 있었다. 이때 등장한 개념이 '마이크로 인플루언서'다. 당시 마이크로 인플루언서에 대한 관심은 높았으나, 1세대 크리에이터가 대중적인 취향과 더불어 플랫폼 초창기의 선점 효과를 통해 채널을 빠르게 키운 상황에서 뒤늦게 출발한 경우라 1기에 비해 많은 구독자를 확보하기는 힘들었다. 다루는 소재도 지엽적이라 구독자수를 늘리는 데 한계가 있었다.

하지만 마이크로한 취향이 주는 이점도 있었다. 취향이 디테일해지면서 진짜 그 취향을 좋아하는 '찐팬'같은 시청자들이 구독자가 되면서 끈끈한 팬덤이 형성된 것이다. 예를 들면 1기의 먹방 크리에이터는 모든 음식을 많이 먹는 것에 초점을 둔 대식가 위주였다면, 2기는 자취생 먹방, 편의점 음식 먹방, 혼술 먹방, 술안주 먹방, 다이어트 음식 먹방, 프랜차이즈 브랜드 먹방, 디저트 먹방 등 시청자의 취향에 따라 세분화되었다. 1기의 펫 카테고리도 대부분 강아지와 고양이였으나, 2기에는 앵무새, 도마뱀, 열대어, 미어캣, 곤충, 다람쥐, 오리 등 특이한 반려동물을 키우는 크리에이터들이 등장했다.

1기에는 대중적인 취향이었다면, 2기에는 보다 마이크로한 취향이 반영되기 시작한 것이다. 마이크로 인플루언서는 메가급 인플루언서에 비해 규모는 작지만, 끈끈한 팬덤을 자랑하면서 인플루언서 마케팅에 회의적이었던 브랜드 시장의 관심을 다시금 가져왔다. 정밀 타기팅이 가능해지자 마이크로 인플루언서의 광고 집행 비율이 증가하기 시작했고, 절대적인 기준이라 믿어왔던 구독자수에 대한 신뢰도 점점 줄어들었다. "구독자(찐팬) 1천 명만 있어도 평생 먹고산다"는 말도 이때 나온 말이다.

3기: 슈퍼 프리미엄 콘텐츠(2018년 중반~)

유튜브 규모가 커질수록 TV 시청자는 줄어들었다. 위협을 느낀 방송국들은 하나둘 유튜브로 유입했고, 2010년도 중후반부터는 TV 프로그램의 시청률이 떨어지기 시작했다. 거실에서 TV 리모컨을 서로 차지하려했던 풍경은 사라지고, 각자 방에 들어가 스마트폰으로 자신이 보고 싶은, 취향에 맞는 영상을 보는 게 이제는 더 익숙한 모습이 되었다.

시청률이 떨어진 방송국은 새로운 수익원을 발굴해내야만 했고, 주류에 편승해 유튜브로 시선을 돌렸다. 대형 방송국이 유튜브에 유입되자 유튜브 시장에도 변화가 일어났다. TV 프로그램에 비해 규모를 축소했다고는 하지만, 대부분이 1인 미디어였던 크리에이터 입장에서는 막대한 자본금을 가진 거인의 등장처럼 느껴졌을 것이다. 이에 대응하기 위해 '슈퍼 프리미엄 콘텐츠'라 불리는 높은 퀄리티의 콘텐츠들이 쏟아져 나왔다.

그런데 제작 규모가 늘어나면서 콘텐츠 회당 제작 단가가 기하급수적으로 상승하는 문제가 발생했다. 슈퍼 프리미엄 콘텐츠는 PD와 촬영 감독과 작가의 인건비, 연예인의 출연료, 스튜디오 및 촬영 장비 대여료 등으로 인해 회당 제작비를 500만 원 이상으로 잡는다. 하지만 유튜브 영상 한 개를 통해 500만 원 이상의 조회수 수익을 내려면, (영상이 8분 이하일 경우) 최소 150만의 조회수가 필요하다. 즉, 슈퍼 프리미엄 콘텐츠로 제작비를 회수하고 수익까지 올리기 위해서는 채널의 평균 조회수가 100만 이상이어야 하며, 영상 길이 역시 길어야 하고, 시청 완료율도 높아야 한다. 결국 투자 규모에 비해 높은 수익률을 내지 못하면서 슈퍼 프리미엄 콘텐츠로 분류되는 수많은 웹예능이 사라졌고, 현재 살아남은 웹예능은 몇 개 되지 않는다.

대표적인 슈퍼 프리미엄 콘텐츠 성공 사례로는 와썹맨-Wassup Man, 워크맨-Workman, 네고왕이 있다. 이 세 콘텐츠에는 공통적인 특징이 있는데, 광고 수익이 높다는 점이다. **와썹맨—Wassup Man**은 가수 박준형의 여포 캐릭터로 평균 조회수 200~400만을 기록하며 많은 광고를 따냈고, **워크맨—Workman**은 아나운서 장성규를 알바생으로 내세워 기존 광고에서는 볼 수 없는 돌직구 드립과 기업과 제품을 소개하는 콘셉트로 채널을 운영하면서 브랜드들의 광고에 최적의 포맷이 되었다. 광고의 화룡점정은 **네고왕**이다. 브랜드에게 직접 할인을 받아내 소비자에게 구매를 유도하는 콘텐츠로 내용 자체가 광고다. 가수 황광희에 이어 방송인 장영란, 개그우먼 홍현희까지, 말도 안 되는 할인율을 요구하며 절대 물러서지 않는 노빠꾸 캐릭터를 통해 유튜브 기반 마케팅도 훌륭한 구매 전환이 가능하다는 것을 보여줬다.

4기: 매시업 콘텐츠(2019년 후반~)

하지만 유튜브의 정체성은 1인 미디어로 크리에이터 혼자 기획, 촬영, 편집, 업로드, 채널 운영 등을 하며 적당한 조회수 수익과 광고 수익을 얻는 게 기본이라 모든 채널이 슈퍼 프리미엄 콘텐츠로 수익을 얻기에는 한계가 있다. 그래서 등장한 것이 '매시업^mashup 콘텐츠'다. 매시업 콘텐츠는 방영되었던 TV 프로그램을 하이라이트 위주로 짧게 편집한 콘텐츠를 말한다. 이미 만들어져 있는 프로그램을 편집만 다시 하면 되니 들이는 노력 대비 수익성이 매우 좋았다. 게다가 과거에 많은 사랑을 받은 프로그램들은 이미 팬덤을 갖고 있기도 했고, 시청자의 추억을 자극해 슈퍼 프리미엄 콘텐츠와 달리 안정적인 출발이 가능했다.

　MBC를 대표했던 예능 프로그램 〈무한도전〉은 방영 당시에도 엄청

매시업 콘텐츠의 성공적인 예로 MBCNEWS의 '뉴스.zip'을 들 수 있다. 세 개의 뉴스를 편집해서 만든 은둔형 외톨이에 대한 6분 46초짜리 뉴스 영상은 175만의 조회수를 기록했다.

난 팬덤을 가지고 있었는데, 매시업 콘텐츠로 활용되면서 일반인 할아버지가 〈무한도전〉의 구호를 잘못 외친 '무야호'가 밈이 되어 NFT까지 발매했고, 2023년 9월 현재도 인기 급상승 카테고리에 〈무한도전〉 영상이 올라와 있다. 매시업 콘텐츠의 시초이자 대표 채널인 MBC의 **오분순삭**은 〈지붕 뚫고 하이킥〉, 〈무한도전〉, 〈진짜 사나이〉, 〈나 혼자 산다(과거 방송편)〉와 같은 이전에 히트한 프로그램을 새로운 시청 형태에 맞게 올리면서 골드버튼을 받았다. 디지털 환경에서 시청자의 시청 형태가 점점 짧아지는 흐름을 잘 읽어낸 콘텐츠라 할 수 있다.

매시업 콘텐츠는 재미만이 아니라 정보 기반 TV 프로그램도 해당한다. MBCNEWS 채널의 '뉴스.zip'은 같은 주제의 최신 뉴스와 과거 뉴스를 함께 편집해 해당 현상의 변화된 흐름을 보여준다. 예컨대 175만의 조회수를 기록한 은둔형 외톨이에 대한 6분 46초짜리 뉴스('인간관계 버리고 쓰레기 모으고, 방안에 숨은 청춘')는 2019년에 방영된 "일본의 중년 외톨이(3분 1초)", 2022년에 방영된 "쓰레기산 원룸에 사는 청년 외톨이(2분 2초)", 2023년에 방영된 "방 밖에 나가지 않는 서울판 외톨이(2분 23초)" 등 총 세 개의 뉴스를 편집해서 만든 것이다. 이 채널은 시청자의 세상을 읽는 눈과 이해도를 높여주며 375만 명이 넘는 구독자수를 기록했다. 유튜브와 어울리지 않아 보이는 뉴스라는 콘텐츠도 성공힐 수 있다는 가능성을 보여준 채널이다.

하이라이트 위주로 편집했다고 해서 매시업 콘텐츠가 짧은 길이의 영상만 있는 것은 아니다. 극단적으로 길게 만들기도 한다. 나스미디어에 따르면 최근 보이는 시청자의 시청 형태는 오히려 양극화되어가고 있다. 시청자들은 콘텐츠 길이가 긴 것과 짧은 것을 동시에 즐긴다. 오분순삭 채널에서 가장 인기 있는 콘텐츠는 〈지붕 뚫고 하이킥〉의 등장인물 '지훈(최다니엘 분)'과 '정음(황정음 분)'의 러브 스토리를 요약 편집한 영상인 '#지정커플 서사 정리 part.1'이다. 3시간 54분짜리 영상이지만 조회수가 2천만 회를 넘었다. Part.2는 무려 5시간이다. 이외에도 〈무한도전〉의 '명수는 12살'은 2시간 35분에 조회수는 1천만 회를 넘었고, '무한도전 조회수 top12 한번에 모아보기'는 1시간 50분에 조회수는 800만 회 가까이 된다. 이렇게 긴 영상의 매시업 콘텐츠는 채널의 효자 역할을 톡

1장 유튜브 플랫폼 제대로 이해하기

톡히 하고 있다. 유튜브는 영상이 길수록 조회수 수익이 극대화되기 때문이다. 방송사 입장에서도 매시업 콘텐츠라고 해서 무조건 짧게만 할 이유는 없는 것이다.

이뿐만 아니라 방송사는 재방송 개념으로 매시업 콘텐츠를 활용한다. 방송사는 시청자가 더는 TV 프로그램을 본방송으로 챙겨보지 않는 것을 알고 있다. 2023년 CJ ENM이 10대들을 대상으로 조사한 바에 따르면 TV 본방송을 유튜브를 통해 보는 비율은 35%, TV로 챙겨보는 비율은 9%라고 한다. 그래서 tvN의 〈유 퀴즈 온 더 블럭〉은 본방송 다음 날 디글 :Diggle, tvN D ENT, 유 퀴즈 온 더 튜브 세 개 채널에 게스트별 혹은 에피소드별로 요약해 영상을 올린다. 매시업 콘텐츠는 변화하는 미디어와 시청 환경 속에서 방송사가 필연적으로 선택할 수밖에 없는 콘텐츠 유형이다.

5기: 중장년층의 유튜브 유입(2020년 초반~)

유튜브는 젊은 세대, 특히 10대들이 주로 이용하는 플랫폼이다. 워낙 많은 영상이 하루에도 수백수만 개씩 올라오고, 기존 TV 방송에 익숙한 중장년층에게는 클립 형식의 영상들이 마치 앞뒤 잘린 영상처럼 느껴지기 때문이다.

2020년 초반부터 유튜브 이용자층에도 변화가 생겼다. 2020년 1월에 방영한 TV조선의 오디션 프로그램 〈내일은 미스터트롯 1〉이 12.5%라는 시청률로 시작해 35.7%로 마무리하며, 대한민국에 엄청난 트로트 열풍을 일으켰다. 열풍의 주역은 단연 트로트를 좋아하는 중장년층이었다.

> 임영웅 채널뿐 아니라 정동원, 이찬원, 김민호의 채널에서도 TV 프로그램의 무
> 대 영상을 올려 방송을 보지 못했거나 다시 보고 싶어 하는 팬들을 지속적으로
> 유튜브로 끌어들였다.

이들은 아이돌 못지않은 팬덤을 보여주며 트로트를 광고 시장의 중심 반
열에 올려놓았다.

그동안 트로트 팬덤은 지역 축제와 같은 오프라인이나 다음 팬카페
가 주된 활동 영역이었으나 〈내일은 미스터트롯 1〉 이후 TOP 7에 오른
가수 모두 유튜브를 시작하면서 트로트 팬덤도 덩달아 유튜브로 넘어오
게 되었다. 그들은 〈아내의 맛〉, 〈뽕숭아학당〉, 〈사랑의 콜센타〉와 같은
TV 프로그램 활동을 활발히 이어나가면서 동시에 TV 출연 영상을 자신
들의 유튜브 채널에 하이라이트 형식으로 올렸다. 방송을 보지 못했거나
다시 보고 싶은 팬들이 채널을 찾아오면서 채널도 가파르게 성장했다.

특히 무대 영상은 시청 완료율이 길어 알고리즘적으로도 훌륭한 전략이었다.

그중에서도 임영웅은 프로그램의 최종 우승자로서 엄청난 인기를 얻었다. 사실 그는 〈내일은 미스터트롯 1〉이 방영되기 전인 2016년부터 유튜브 채널을 운영하며 커버곡이나 길거리 버스킹, 팬미팅 현장, 브이로그 등의 콘텐츠를 올리고 있었는데, 영상의 개수가 250여 개에 달했다. 즉, 프로그램에 출연한 다른 아티스트들과는 달리 임영웅의 채널에는 중장년층이 들어와서 시청할 수 있는 콘텐츠가 이미 존재했던 것이다. 덕분에 2만이었던 구독자수는 3개월 뒤 프로그램이 끝났을 때 30만을 기록했고, 2023년 현재에는 156만까지 올랐다. 일례이긴 하지만 중장년층의 유튜브 유입이 어느 정도인지 수치상으로 보여주는 예라고 할 수 있다.

이렇게 유입된 중장년층은 트로트를 넘어 자신의 취향에 맞는 새로운 채널을 구독하거나 아예 크리에이터가 되기도 했다. 이 흐름을 타고 정치와 주부를 타깃으로 한 레시피 카테고리가 급격하게 커졌고, 낚시와 등산, 캠핑과 같은 취미 기반 카테고리, 노후 대비, 정부 지원 정책, 건강 관리 등 중장년층을 위한 정보성 카테고리도 성장했다. 이런 흐름에 따라 중장년층 타깃 브랜드들도 자연스럽게 유튜브에 들어오기 시작했다.

6기: 세계관과 부캐(2020년 초반~)

수많은 부캐(부 캐릭터)의 탄생과 새로운 세계관이 매일 열리고 있는 곳은 단연 유튜브라 할 수 있다. 그런데 대체 부캐는 어디서 시작된 걸까? 부캐 세계관 마케팅을 끌어낸 건 종합 광고대행사 '스튜디오좋'이 제작 및 운영 대행하는 빙그레의 인스타그램 계정@binggraekorea이 그 시작이다. 그들은 '빙그레 메이커'라는 세계관을 만들고 빙그레 제품들을 의인화해 캐릭터로 등장시켰다. 왕자인 빙그레우스의 의상은 빙그레를 대표하는 아이스크림 브랜드인 엑설런트, 투게더, 붕어싸만코, 비비빅 등으로 되어 있다. 빙그레우스는 왕위를 계승하기 위해 노력하며 왕위를 계승한 뒤에는 악당 빙9레를 물리친다. 이후 왕립학교를 세우고 포탈을 타고 빙그레 왕국에서 현실 세계로 넘어와 빙그레를 사람들의 일상에 스미도록 하는

것이 주요 스토리다. 이 세계관을 지키기 위해 세계관을 만든 '스튜디오
좋'은 스스로를 빙그레우스 더 마시스 짐(빙그레우스가 왕좌에 오르면서 이름도
바뀌었다)의 인스타그램 수행본부라 칭한다.

이러한 세계관 마케팅은 유튜브로 넘어와 더 다양하고 방대해졌다.
유튜브에서는 한 채널 안에 여러 세계관이 등장하기 시작했고, 각 세계
관 안에 캐릭터가 새롭게 만들어지면서 부캐 콘텐츠가 유행했다. 부캐
콘텐츠를 가장 잘 활용하고 있는 국내 채널은 **피식대학Psick Univ**이 대
표적이다.

피식대학에는 다양한 세계관과 수많은 부캐가 등장하는데, 그중에서
도 '05학번이즈백'은 05학번 세대가 문화의 중심이었던 2000년대를 배
경으로 한다. 이 세계관에는 의류업체 사장, 동업자, 모델, 현 여자친구,
전 여자친구, 패션을 잘 모르는 막내 등 다양한 캐릭터가 등장한다. '한사
랑산악회'는 중년 아저씨들의 산악회라는 콘셉트로 회장, 부회장, 총무,
회원이 있고, 산행과 뒤풀이 에피소드가 중심 스토리다. 'B대면 데이트'
는 팬데믹으로 비대면이 일상화되자 소개팅도 비대면으로 하는 상황을
다룬다. 카페 사장, 래퍼, 재벌 3세, 다단계회사 직원, 중고차 딜러 등이
나온다.

피식대학 세계관의 특징은 '한사랑산악회' 회장의 아들이 '05학번이
즈백'의 막내이며, 회원의 아들은 의류업체 사장으로 등장하는 등 다른
세계지만 서로 연결성을 가지고 있다는 것이다. 또한 세계관에서 캐릭터
를 연기하는 사람들은 원래 개그맨으로, '05학번이즈백'에서 쿨케이로
등장하는 개그맨 김해준은 김해준으로 활동하면서 동시에 쿨케이, 최준

('B대면 데이트'의 카페 사장) 등 여러 부캐로도 활동한다. 부캐는 해당 세계관에서만이 아니라 세계관 밖(현실)에서도 이어지며 김해준은 최준이라는 부캐로 책도 내고 광고도 찍었다.

이렇게 유튜브에서는 기획력과 연기력이 뛰어난 개그맨들이 이끄는 세계관과 부캐 콘텐츠가 활발하게 만들어지고 있다. 특히 부캐는 한 개의 채널 안에서 여러 개의 이미지를 만들어주기에, 채널에서 소화할 수 있는 브랜드 제품군을 넓혀주기도 한다. 피식대학은 한 채널이지만 '05학번이즈백'에서는 2000년대 술자리 콘셉트로 맥주 광고를, '한사랑 산악회'에서는 안전이라는 테마와 묶어 홈 CCTV 제품을 광고했다. 'B대면 데이트'에서는 카페 사장 최준의 빛나는 피부 비결을 알려주는 콘셉트의 화장품 광고를 진행하기도 했다. 채널은 하나지만 다양한 세계관과 부캐를 통해 여러 제품군을 흡수할 수 있었던 것이다.

7기: 오리지널 시리즈(2020년 중반~)

오리지널 시리즈는 유튜브의 변곡점이라 할 수 있다. 기존 유튜브 영상은 일회성인 경우가 많았으나 탁월한 기획력이 뒷받침되면서 6~10회 분량의 시리즈물들이 나오기 시작했다. 오리지널 시리즈의 경우 초반 1~2회 영상 조회수만 잘 나오면 그 뒤 영상들은 자연스럽게 입소문을 타 그 이상의 조회수가 보장된다. 오리지널 시리즈의 대표 콘텐츠이자 최초는 **피지컬갤러리**의 '가짜사나이'다.

'가짜사나이'는 MBC 예능 프로그램 〈진짜 사나이〉를 패러디한 콘텐츠로, 게으른 삶을 바꾸고 싶어 하는 사람들을 모아 UDT 훈련을 시키는 내용이다. 참가자는 다른 채널의 크리에이터들이었는데, 그들은 '가짜사나이' 시리즈 콘텐츠와 연계해 자신들의 채널에도 '가짜사나이' 리뷰 영상을 올렸고, 양쪽 채널 모두에서 폭발적인 조회수가 나왔다. 같은 맥락에서 **진용진** 채널의 '머니게임(아무것도 없는 공간에 4억 8천만 원을 두고 8명의 출연자가 그 금액으로 필요한 물건을 사며 버티는 콘텐츠로, 2주 후 최종 생존자가 남은 상금을 모두 차지한다)'도 모든 회차가 수백만 조회수를 기록하며, 오리지널 시리즈에 대한 관심이 높아졌다.

이 시기는 100만 구독자를 가진 인플루언서에게 수천만 원을 투자해 광고 집행을 했지만, 조회수는 고작 몇만 회에 그치면서 구독자수에 기준을 둔 인플루언서 마케팅에 의문을 갖던 때라, 소위 말해 조회수가 대박을 친 오리지널 시리즈에 광고주의 관심이 더 쏠릴 수밖에 없었다. 광고주 입장에서 조회수가 높다는 건 해당 영상을 본 소비자가 많다는 의미이기 때문이다. '가짜사나이'는 훈련에 지친 참가자들에게 포카리스웨트 이온 음료를 지급하고, 머니게임은 상금 잔액 공개와 마지막 상금 지급 시 우리은행 상품을 노출하는 식으로 적절하게 브랜드 제품을 콘텐츠에 녹여내면서 구독자수로만 평가해온 광고 시장에 새로운 변화를 불러왔다. 광고주에게 가장 중요한 건 성과다. 수천만 원을 투자해 조회수 몇만 단위가 나온다면, 차라리 조금 더 투자하더라도 수백만 조회수가 나오는 오리지널 시리즈에 광고 집행을 하는 편이 훨씬 효과적이다.

유튜브 오리지널 시리즈의 성공은 TV나 OTT, 오프라인 행사에도 영향을 끼쳤다. '가짜사나이' 이후 특수부대 관련 콘텐츠가 인기를 끌자 채널A는 밀리터리 서바이벌 TV 프로그램 〈강철부대〉를 제작했고, 최고 시청률이 6.8%까지 나오는 성공을 거뒀다. 넷플릭스에서도 서바이벌 예능 론칭이 이어졌다. 가장 완벽한 신체 능력을 갖춘, '최고의 몸'을 뽑는 프로그램 〈피지컬 100〉은 TV-OTT 통합 화제성 1위에 등극했으며, 경찰관과 소방관, 군인 등의 직업을 가진 여성들이 섬에서 전투를 벌이는 프로그램 〈사이렌: 불의 섬〉은 넷플릭스 한국 순위에서 2위를 기록했다. **무채색필름** 채널의 '블랙컴뱃' 시리즈는 아마추어 격투 서바이벌 토너먼트 콘텐츠였는데, 이를 오프라인 격투기 대회로 확장시켜 티켓 판매라는 새로운 수익 모델을 만들어냈다. 이후 채널명을 아예 **블랙컴뱃**으로 변경해 시즌제로 진행하고 있다. 2023년 '블랙컴뱃6-더 파이널 체크메이트'의 오프라인 경기는 CGV에서 생중계하기도 했다.

이렇듯 유튜브의 오리지널 시리즈는 콘텐츠와 디지털 마케팅 측면에 한 획을 그었고, TV, OTT, 오프라인 활동에도 영향을 미쳤다. 2021년 8월 카카오 엔터테인먼트는 '가짜사나이', '머니게임', '파이트 클럽'의 제작사인 쓰리와이코프레이션[3Y CORPORATION]을 인수했다.

8기: #Shorts (2021년 중반~)

일상의 미디어 환경을 들여다보면 숏폼은 예견되어 있었다. TV 시청자가 줄어드는 추세였고, 영상을 2배속으로 보는 이들이 생겨나자 OTT에서도 1.5배속, 2배속 서비스를 제공하기 시작했으며, 〈도시남녀의 사랑법〉, 〈몸값〉과 같은 30분짜리 웹드라마가 인기를 끌었다. 시청자는 점점 짧은 영상에 익숙해졌고, 영상 자체의 호흡은 빨라졌다.

숏폼은 플랫폼별로 변화 과정을 거쳤는데, 첫 번째는 페이스북과 인스타그램에서 유행한 비포/애프터 형식의 광고 영상이다. 15초 이내의 영상으로 제품의 사용 전과 후를 보여주는 것으로, 머릿결을 관리해주는 헤어 제품을 광고하는 경우, 해당 제품을 사용한 전후 머릿결을 비교해서 보여주는 식이다. 이는 주로 생활용품 광고에서 많이 이용했다. 페이스북의 비포/애프터 광고는 숏폼의 특성인 속도감^{speed}을 느낄 수 있다.

중국의 도우인抖音(중국판 틱톡 앱)으로 시작한 틱톡은 숏폼의 전 세계적인 열풍을 불러일으켰다. 아티스트의 음원에 맞춰 춤을 추거나 특정 행동을 하는 놀이 형식이 주된 콘텐츠다. 이는 '챌린지'라는 새로운 유행을 만들어내며 춤을 잘 추거나 표정을 극대화해서 보여주는 등 표현력이 좋은 크리에이터가 인기 있는 틱톡커로 주목을 받았다.

1억 5천만 팔로워를 보유한 틱톡커 찰리 다멜리오^{Charli D'Amelio}는 춤을 메인 콘텐츠로 하면서 다른 틱톡커들과 크루 형태로 하이프 하우스^{hype house}를 만들었다. 하이프 하우스는 한 공간에 모여 살며 크루 형태로 같이 콘텐츠 영상을 찍는 것을 뜻한다. 이는 넷플릭스에서 〈하이프 하우스: 우리는 SNS 스타!〉라는 리얼리티 시리즈로 제작되기도 했다.

이러한 흐름은 음원 시장에 새로운 바람을 일으켰다. 틱톡은 춤이 가장 대표적인 콘텐츠였기에 여기에 쓰이는 음원들이 틱톡 열풍과 함께 인기를 얻은 것이다. 릴 나스 엑스^{Lil Nas X}의 'Old Town Road', 조지^{Joji}의 'Slow Dancing in the Dark', 수파 두파 험블^{Supa Dupa Humble}의 'Steppin' 등이 역주행했으며, 영탁의 '니가 왜 거기서 나와'와 같은 트로트 장르가 10대에게 인기를 얻기도 했다. 아티스트의 음원을 자유롭게 쓸 수 있고, 스마트폰으로 촬영과 편집이 모두 가능한 틱톡만의 차별성으로 영^{young}

타깃의 엄청난 지지를 받으며 틱톡은 글로벌 다운로드 1위 앱이 되었다.

인스타그램 릴스^{Reels}는 틱톡과 유사하지만, 인스타그램이라는 플랫폼의 특성을 가지고 있다. 인스타그램은 예쁘고 감성적인 것을 중심으로 올리는 SNS로, 여가나 패션, 뷰티 관련 콘텐츠가 주를 이룬다. 그래서 릴스도 '자신을 예쁘고 멋있게 보여주는' 숏폼 영상이 인기가 많다. 예를 들면 예쁘게 화장하는 법, 옷을 예쁘게 입는 법, 운동해서 멋진 몸매를 드러내는 법 등이다. 틱톡은 다 같이 놀면서 즐기는 춤이 메인이라면, 릴스는 멋지게 잘 추는 춤이나 춤 선을 제대로 살린 춤 등이 인기가 있다. 하지만 둘 다 숏폼의 특성 중 하나인 놀이^{play}가 깔려있다.

마지막으로 재미와 정보가 중심인 유튜브의 '쇼츠^{#Shorts}'는 유튜브 영상의 축소판이라 할 수 있다. 레시피를 알려주는 **1분요리 뚝딱이형**은 1분에 맞춰 레시피를 보여주기 때문에 짧은 시간이지만 집중력을 요한다. 이 영상들은 속도감이 아주 빠르고 쉬는 구간도 없어 시청자가 영상

> 1분요리 뚝딱이형은 '1분 레시피'라는 채널의 콘셉트를 유튜브의 새로 생긴 쇼츠 기능과 연결해 본 영상뿐 아니라 쇼츠에서도 수백만의 조회수를 기록하고 있다.

을 계속 주시하게 만든다.

같은 숏폼이지만 틱톡과 유튜브의 본질적인 차이는 각 플랫폼에서 인기 있는 크리에이터의 구독자수(팔로워수)를 비교해보면 알 수 있다. 1분요리 뚝딱이형의 유튜브 구독자수는 250만 명인데, 틱톡에서는 32.5만 명 정도다. 조회수에서도 차이를 보이는데, 상황극 콘텐츠를 다루는 **레블 ReBL ASMR**은 '진상고객 퇴치하는 영혼 없는 전화상담사' 영상이 유튜브에서는 452만 조회수가 나왔지만 틱톡에서는 3.3만 조회수에 그쳤다. 유튜브와 달리 틱톡에서 인기 있는 콘텐츠가 되려면 놀면서 따라할 수 있는 챌린지류 영상이어야 한다.

같은 숏폼이어도 특성이 다르다 보니 앱에서 제공하는 기능에서도 차이를 보인다. 틱톡은 놀이 목적에 맞게 재미있는 필터와 자유로운 음원 사용이 가능하지만, 유튜브 쇼츠는 필터도 없고 음원 사용에 제약이 있다. 요즘은 숏폼의 경계가 희석되고 있긴 하지만, 크리에이터 비즈니스(광고)를 하려면 각 플랫폼의 출발점이 무엇인지 알고 있어야 한다. 숏폼이 대세가 되면서 광고주의 숏폼 광고에 대한 니즈가 증가했고, 단가도 일반 영상에 비해 저렴해 앞으로 더 활발하게 비즈니스가 이뤄질 것으로 보인다.

쇼츠는 현재 유튜브 신규 구독자 유입에 큰 역할을 하고 있다. 일반 영상에 비해 노출도가 높아 비구독자에게 발견될 확률이 높기 때문이다. 그러니 정체된 채널이건, 성장 중인 채널이건 쇼츠는 무조건 해야 한다. 기존 긴 영상의 하이라이트를 편집하거나 그동안 사용하지 못했던 촬영본을 비하인드 형태의 쇼츠로 만들어보자. 쇼츠는 점점 짧아지는 시청 시간과 함께 구글의 멀티포맷 전략의 중심축임을 잊지 말자. 유튜브는 최근 숏폼(쇼츠)에서 바로 롱폼 콘텐츠로 연결되도록 링크 삽입 기능을 업데이트했다.

9기: 개그맨 전성시대(2021년 중반~)

'상황극', '스케치 코미디', '하이퍼 리얼리즘'이라고 불리는 콘텐츠 유형은 현재 가장 인기 있는 콘텐츠다. 이 콘텐츠 유형의 핵심은 다음과 같다.

① 일상에서 쉽게 공감할 수 있는 포인트

② 현실 고증과 같은 디테일한 연기

③ 빠른 속도감과 3~5분 길이의 짧은 영상

KBS 예능 프로그램 〈개그콘서트〉를 마지막으로 공중파에서 공개 코미디 프로그램이 사라지면서 설 자리를 잃은 개그맨들이 그들만의 탁월한 기획력과 뛰어난 연기력으로 유튜브를 장악하기 시작했다. 일상에서 누구나 쉽게 공감할 수 있는 소재(①)를 디테일하지만 웃음 포인트를 살려 사람들에게 재미(②)를 선사해왔던 자신들의 업을 변화된 시청 형태(③)에 맞춘 것이다.

대표적인 개그 채널로는 **너덜트**와 **숏박스**가 있다. 너덜트는 채널 운영 초창기부터 화제가 되었는데, '외박', '카공족', '롤부심', '당근마켓 남편들' 등 디테일한 연기와 설정으로 일상의 공감 포인트를 짧은 영상에 잘 담아냈다. 초기 영상들을 분석해보면 대부분 5분 이내 영상으로 앵글도 1~3초 정도로 빠르게 바뀐다. 숏박스는 KBS 공채 개그맨 김원훈, 조진세, 엄지윤이 운영하는 채널로, '장기연애', '찐남매', '헌팅' 등 일상에서 사람들이 쉽게 공감할 만한 내용을 콘텐츠로 다룬다. 숏박스의 초기 영상도 대부분이 5분을 넘지 않고, 화면 앵글이 바뀌는 시간도 3초 이내다. KBS 개그맨 임우일과 이승환이 운영하는 **180초** 채널은 다루는 소재는 비슷하나 180초 내외 영상을 콘셉트로 내세워 영상 길이나 장면 전환이 훨씬 빠르게 흘러간다.

너덜트나 숏박스 이전에도 개그맨이 운영하는 채널은 있었다. 개그우먼 강유미가 운영하는 **강유미 yumi kang 좋아서 하는 채널**은 2015년부터 시작했다. 강유미는 상황극과 ASMR을 주요 콘텐츠로 하는데, '메이크업샵 롤플레이 ASMR'은 조회수가 거의 1천만 회다. 그녀는 자신의 능력을 살려 메이크업 아티스트, 아이돌을 좋아하는 팬, 길거리에서 도를 아십니까라고 묻는 사람, 일진, 타투이스트, 초등학생 유튜버, 여배우, 문방구 아줌마, 폰팔이 등 다양한 역할을 디테일한 연기력으로 소화해낸다. 강유미 채널과 현재 스케치 코미디라 불리는 채널의 차이는 속도감이다. 화면전환이 빨라지고, 영상 길이가 훨씬 짧아졌다.

9기를 개그맨 전성시대라고 했지만, 진짜 핵심은 '기획력'과 '연기력', '짧아진 시청 형태'다. 이 요소들이 개그맨이라는 직업적 특성과 잘 맞아떨어지면서 개그맨이 운영하는 채널이 인기 채널로 주목받게 된 것이다.

우왁굳의 게임방송을 통해 처음 선보인 이세계아이돌. 이들은 버튜버가 되기 위해 실재같은 가상의 오디션을 보기도 했다.

10기: 버튜버(2023년 초~)

일본의 오타쿠 문화를 연상시키는 애니메이션 캐릭터들이 버츄얼 유튜버Virtual Youtuber(버튜버)라는 이름으로 등장했다. 버튜버는 말 그대로 실제 사람의 움직임을 인식한 가상의 캐릭터를 앞세워 방송한다. 그들은 주로 일상 소통, 게임, 노래와 춤 등을 주제로 라이브 스트리밍한다. 한국에서는 2021년 이세계아이돌ISEGYE IDOL이 **우왁굳의 게임방송**을 통해 데뷔하면서 대중적으로 알려지기 시작했다. 우리가 지금 이 버튜버에 주목해야 하는 이유는 향후 문화의 중심이 될 알파세대와 AI 기술 때문이다.

알파세대는 2010년 이후에 태어난 이들로, 알파세대가 소비하는 콘텐츠 유형 중 하나에 애니메이션이 있다. 실제로 영타깃을 메인으로 플랫폼 전략을 짜서 상장까지 한 사례가 있다. 중국의 동영상 사이트 빌리빌리bilibili는 플랫폼 초기부터 일본 애니메이션 무료 서비스(아예 일본 애니메이션 판권을 샀다)를 통해 중국의 영타깃 유입을 목표로 했고, 그 결과 중국의 Z세대가 가장 선호하는 플랫폼이 되어 현재 웨이보를 제치고 중국판 유튜브로 불린다. 2018년에는 미국 나스닥에 상장했다.

영타깃을 공략한 사례는 메타버스에서도 찾아볼 수 있다. 2021년 구찌, 버버리와 같은 명품 브랜드들이 제페토나 로블록스와 같은 메타버스 안으로 들어간 그 이면에는 브랜드의 인식 전환 목적이 있었다. "더 이상 우리 브랜드는 부모 세대가 애용했던 낡고 오래된 브랜드가 아니라, 너희(영타깃)들과 함께하는 브랜드야"라는 메시지를 던진 것이다. 이는 알파 세대의 등장으로 헤리티지가 있는 브랜드들도 버튜버와 협업하는 환경이 곧 올 거라 짐작하게 한다. 실제로 2023년 5월부터 삼성전자는 일본 버튜버 소속사인 니지산지와 마케팅을 진행하고 있다.

최근 새롭게 이슈가 된 기술은 이미지를 생성해주는 생성형 AI다. 이 기술을 통해 가장 많이 생성된 이미지는 애니메이션 캐릭터로, 애니메이션 화풍을 그대로 따라 그리기도 한다. 일부 웹툰은 이미 생성형 AI로 제작하고 있고, 향후 웹툰 업계는 AI가 중심이 될 것이라는 예측이 지배적이다. 심지어 2023년 6월에 영화 제작사 마블 스튜디오에서 공개한 신작 드라마 〈시크릿 인베이전〉의 오프닝 영상도 생성형 AI로 만들었다.

버튜버의 경쟁력이자 핵심 요소는 외형Appearance, 움직임Body Motion, 얼굴 표정Facial Motion, 목소리Voice다. 이 4가지 요소가 완벽에 가까울수록 높은 인기를 얻게 된다. 대표적인 버튜버 샤이릴리Shylily는 3D 모델링 제작에 8천 달러 정도 들었으며, 레이어만 500개가 넘어 다양한 표정 프리셋preset(미리 설정)이 있어 상황에 맞는 표정을 자연스럽게 짓는다. 후발주자

임에도 불구하고 2023년 1월 버튜버 중 최초로 트위치 팔로워수 100만을 돌파했다. AI 기술이 점점 발달함에 따라 '불쾌한 골짜기uncanny valley (로봇이 사람의 모습과 흡사해지면 호감도가 증가하다가 거부감이 드는 순간)'를 유발하는 간극은 점점 줄어들고, 누구나 쉽게 버튜버가 될 수 있는 시대가 올 것으로 보인다.

그렇다면 버튜버가 일반 크리에이터와 다른 점은 무엇일까? 첫째, 철저한 세계관이다. 오랜 시간 스트리밍을 하면 버튜버 성우가 지쳐서 종종 롤플레잉Role Playing이 깨지는 순간이 발생하는데, 롤플레잉을 꼭 지켜야 하는 게 관건이다. 일본 버튜버 **햐쿠만텐바라 살로메**悤百満天原サロメ는 철저히 롤플레잉을 지키며 데뷔 14일 만에 100만 구독자를 달성했다. 살로메의 캐릭터는 고위층 아가씨가 되고 싶은 일반 여성으로, 어미가 고정되는 말투를 사용하는데, 아무리 오랜 시간 스트리밍해도 말투에 흔들림이 없다.

반면에 대표적인 1세대 버튜버로 불렸던 **키즈나 아이**キズナアイ는 2016년부터 전 세계적인 인기를 얻었으나, 2019년 글로벌 공략을 위해 한 명이었던 성우를 4명으로 늘리면서 세계관이 붕괴되자 시청자들은 떠나버렸다. 구독자 300만 명이 넘었던 키즈나 아이의 유튜브 채널명은 결국 **A.I.Channel**로 바뀌었다.

세계관을 풍부하게 만들기 위해 그룹으로 활동하는 경우도 많다. 등장인물이 많을수록 만들어낼 수 있는 스토리가 많아지기 때문이다. 버튜버는 대부분 녹화가 아닌 라이브 스트리밍 위주로 콘텐츠가 진행되다 보니 멤버 간 관계와 이야기에 따라 더 풍성한 콘텐츠가 만들어진다. 그렇게 되면 시청자는 처음에는 자신이 좋아하는 버튜버 영상만 보다가 자신이 좋아하는 버튜버가 멤버들 사이에서는 어떤 모습인지를 궁금해하면서 다른 멤버의 채널까지 보게 된다. 이를 '회전문이 돈다'라고 표현하는데, 한 명의 버튜버로 시작했지만, 버튜버 굴레에 빠져 24시간 도는 회전문 안에 갇혀 멤버들의 채널까지 계속 보게 된다는 의미다. 여기에 두 번째 특징이 있다. 바로 팬심이다. 버튜버를 '버츄얼 아이돌'이라고 부르는 이유이기도 하다.

세 번째는 버튜버는 채널을 개설한다고 이야기하지 않는다는 점이다. 대신 '데뷔'를 한다고 말한다. 때문에 음원 발매가 필수. 이세계아이돌은 이미 수많은 커버곡과 싱글 3집까지 발매했고, 발매마다 음원 스트리밍 및 유튜브 뮤직, 유튜브 인기 급상승 동영상에서 순위권 안에 든다. 이세계아이돌이 2023년 6월에 발매한 'LOCKDOWN'은 하루 만에 100만 스트리밍을 달성해 버튜버 최초로 음악 스트리밍 플랫폼 멜론의 '멜론의 전당'에 이름을 올렸다.

마지막으로 버튜버가 일반 크리에이터와 가장 다른 특징은 팬들이 만들어내는 2차 창작물 생산이다. 요즘 아이돌 팬들은 팬픽(팬 픽션, 팬들이 쓰는 픽션물), 홈마(홈마스터, 고퀄리티 사진을 찍어 올리는 팬)뿐 아니라 아예 유튜브에 덕질 채널을 만들기도 한다.

버튜버의 팬들도 버튜버의 콘텐츠를 재생산한다. 이를 클립퍼^{Clipper}라고 하는데, 버튜버의 스트리밍 원본을 클립 형태로 잘라서 유튜브에 덕질 채널을 운영한다. 버튜버는 글로벌하게 활동하기에 영어나 일본어를 쓰는 경우가 많아 팬들이 한국어로 번역해서 올리기도 한다.

2023년 전 세계 최초로 클립퍼가 버튜버로 직접 데뷔했다. 샤이릴리

버튜버는 현실 아이돌과 다름없이 음원을 발매하고 생일파티도 한다. 버튜버가 입은 옷은 품절 대란을 겪는 등 가상이지만 현실 세계에 미치는 영향력은 점점 더 커지고 있다.

의 클립퍼였던 **허니츄러스** HoneyChurros다. 데뷔 방송은 동시 접속자가 유튜브 2.6만, 트위치 0.5만을 기록했으며, 현재는 구독자 22만 명을 확보했다. 샤이릴리도 종종 허니츄러스의 라이브 방송에 깜짝 등장한다. 허니츄러스가 2023년 7월 공식 발매한 '아이아이「ii」' 음원은 유튜브 뮤직 54위를 기록했다.

대표적인 남성 버튜버 그룹 플레이브PLAVE도 마찬가지다. 2023년 3월에 데뷔한 이들은 데뷔 6개월 만인 2023년 9월 유튜브 구독자수 45만 명, 라이브 시 평균 동시 접속자수 1~2만 명을 기록했다. 멤버 은호가 생일 라이브에서 입은 티셔츠는 무신사 실시간 랭킹 1위에 올라 이내 품절되었다. 8월 공식 발매한 '여섯 번째 여름' 음원은 업로드 즉시 인기 급상승 동영상 2위에 올랐으며, CJ ENM KCON LA 2023 무대에 오르기도 했다.

크리에이터와 파트너십을 통해 콘텐츠를 기획하고 유통하고 관리해 줬던 MCN 회사는 하향세에 접어들었다. 반면 버튜버의 소속사이자 제작사인 회사들은 꾸준히 성장하고 있다. 일본 버튜버 회사인 니지산지와 홀로라이브 운영사는 상장에도 성공했다.

더군다나 버튜버는 얼굴을 공개하지 않고 활동할 수 있다는 장점도 있기 때문에, 디지털 네이티브이자 그 어느 세대보다 인플루언서가 되고 싶어 하는 알파세대는 버튜버 흐름을 더욱 가속화할 것으로 보인다. 이로 인해 생성형 AI를 통해 버튜버에 진입하는 크리에이터도 더 늘어날 것이고, 소비층이 버튜버로 이동하면서 브랜드와 버튜버의 협업 사례도 더 활발해질 것이다.

지금까지 유튜브에서 콘텐츠 유형이 변해온 과정을 시기별로 구분했지만, 사실 이는 중요하지 않다. 이보다는 전체적인 흐름을 봐야 한다. 유튜브는 전 연령대가 사용하는 플랫폼이 되었다. 시청자의 시청 형태는 양극화되고 있고, 이 변화에 따라 유튜브 채널뿐 아니라 TV와 OTT의 생존법도 바뀌고 있다. 변화하는 시기에 맞게 이를 잘 풀어낸 콘텐츠는 대박을 터뜨리고, 그곳에 시청자가 몰리며, 브랜드의 마케팅 흐름도 자연스럽게 이를 따라가고 있다.

2

유튜브의
오해와 진실

구독자수보다 중요한 것은
평균 조회수

유튜브는 구독자수를 기준으로 10만 구독자를 달성하면 실버버튼을, 100만 구독자가 되면 골드버튼을 증정한다. 그러다 보니 유튜브에서 구독자수는 채널의 평가 기준이 되어 그에 따라 광고 단가가 정해졌다. 하지만 구독자수가 명예 훈장처럼 여겨지는 시대는 끝났다. 구독자수는 더이상 의미 없다. 중요한 것은 '찐팬'이 얼마나 있느냐다.

크리에이터의 영상을 보는 사람들은 3단계로 나뉜다. 1단계는 시청자로 유튜브를 이용하는 모든 사람을 말한다. 시청자는 직접 검색해서 영상을 찾아보거나 알고리즘이 추천하는 피드에 뜨는 영상을 주로 본다. 2단계는 구독자다. 크리에이터의 콘텐츠를 좋아해서 구독 버튼을 누른 사람이다. 이들은 구독자수로 측정된다. 이 경우 구독 초반에는 알고리즘에 의해 구독 채널의 새로운 영상이 업로드될 때마다 구독자 피드에 영상이 보이지만, 구독자가 일정 기간 채널을 찾지 않으면 피드에 자동으로 뜨지 않아 채널을 찾는 횟수가 줄어들게 되고, 어떤 사람들은 구독을 취소하기도 한다.

3단계는 크리에이터의 팬이 된 구독자다. 크리에이터 채널을 꾸준히 시청하는 사람들로 이들이 영상의 평균 조회수를 책임지고 있다고 할 수 있다. 또한 좋아요, 댓글 등을 통해 적극적으로 채널에 관심을 표한다. 평균 조회수가 높은 크리에이터로는 브이로그 채널을 운영하는 **김가을**이 있다. 김가을 채널의 현재 구독자수는 23만으로, 몇 년째 큰 변화가 없다. 하지만 평균 조회수는 5년 동안 15~25만 정도를 꾸준히 유지하며, 중간중간 조회수가 '터진' 영상들도 있다. 김가을 채널에서 가장 조회수가 낮은 영상은 14만회인데, 이는 적어도 김가을의 팬이 14만 명은 존재한다는 뜻이다.

출처: 김가을 유튜브 채널

> 김가을 채널은 평균 15~25만 회의 조회수를 기록한다. 조회수 편차가 크지 않고 구독자의 절반 이상이 꾸준히 영상을 시청하는 건강한 채널이라 할 수 있다.

어쩌다가 100만, 200만 조회수를 기록하며 대박이 터지는 일회성 영상들이 있다. 그런데 안타깝게도 유튜브 구조상 이런 콘텐츠는 채널에 큰 영향을 미치지 않는다. 대박 콘텐츠 이후 올린 영상이 영향을 받아 조회수가 함께 증가했을 경우에만 의미가 있다. 대박 콘텐츠가 화제가 되어 설령 구독자수가 늘었다 할지라도 이들을 팬으로 만들지 않으면 오히려 채널이 '매력이 없다'는 것을 증명할 뿐이다.

이렇게 조회수가 널뛰는 채널은 최근 3개월 내 영상들의 '최소 조회수'를 확인해보면 구독자가 팬이 되었는지 알 수 있다. 최소 조회수는 팬 이상의 애정을 가진, 크리에이터 영상을 다 챙겨보는 찐팬의 규모를 나타내주는 숫자다. 예를 들어 크리에이터 A의 구독자수는 28만 명인데, 최근 영상 중 대박이 난 콘텐츠가 250만 조회수를 기록했다고 해보자. 이 영상을 포함해서 최근 3개월 내 영상들의 최소 조회수가 10만 회라면, 찐팬이 10만 명이라는 뜻이다. 크리에이터 B의 구독자수는 100만 명이지만, 최소 조회수가 1~2만 회 정도밖에 나오지 않는다면, 찐팬은 1~2만 명으로 죽어가는 채널이라고 할 수 있다.

따라서 크리에이터 채널에서 중요한 것은 구독자수가 아니다. '평균 조회수'와 '최소 조회수'가 채널의 인기를 확인할 수 있는 더 정확한 지표다. 그런데 왜 그동안은 구독자수가 가장 중요한 것처럼 받아들여졌을까? '골드버튼'이라는 상징성도 있지만, 구독자수에 기반해 브랜드 광고 단가가 정해졌기 때문이다. 인플루언서 마케팅 초창기에는 눈에 보이는 수치로 시장의 기준이 형성될 수밖에 없었고, 그것이 구독자수였다. 문제는 100만 명의 구독자를 보고 광고 집행을 했는데, 막상 해보니 영상 평균

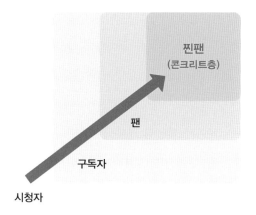

> 유튜브의 지속 가능성은 구독자수가 아니라 팬과 찐팬이 어느 정도 있느냐에 달려있다. 구독자수가 100만 명인데, 팬이 10만 명인 채널보다 구독자수는 20만 명이지만 팬이 10만 명인 채널이 성장 가능성이 훨씬 크다.

조회수가 1~2만 회 수준인 채널들이 많았고, 업계에서는 인플루언서 마케팅 성과에 대한 의구심이 들게 되었다.

　그사이 유튜브는 많은 변화를 겪었다. 여러 정책이 사라지거나 새롭게 개편되었고, 시청자의 파편화된 취향에 맞춰 채널 카테고리도 세분화되었다. 그러면서 구독자수에 대한 절대적인 신뢰도 사라졌다. 인플루언서 마케팅 시장에서도 이러한 변화를 인지해 더는 구독자수에 연연하지 말고, 채널의 평균 조회수를 봐야 한다. 채널 성장 한계선이 높지 않아 구독자수가 적더라도 해당 취향을 좋아하는 사람들이 모여 있다면 평균 조회수가 일정 수준 이상 꾸준히 나온다. 이를 통해 찐팬의 규모를 파악해야 한다.

　팬의 규모가 크다는 건 팬덤이 형성되어 있어 비즈니스 성과로 이어질 가능성이 더 크다는 이야기다. 찐팬의 규모는 '알림 설정' 여부에서 알 수 있는데, 이는 크리에이터가 영상을 올리면 모두 확인하겠다는 의미로, 크리에이터에 대한 구독자의 관심 표현이다. 알림 설정 비율이 15% 이상 이면 팬덤이 형성되었다고 본다(유튜브 스튜디오에서 확인 가능).

팬덤은 채널의 회복력도 높여준다. 크리에이터는 종이 한 장 차이로 논란을 겪을 수 있는 가능성이 다분한 직업이다. 때문에 팬층이 두터워야 만 한순간에 무너지는 일을 방지할 수 있다. 아이돌 팬덤과 유사하다고 보면 이해가 쉬울 것이다.

크리에이터, 광고주, 대행사들이여! 더는 구독자수에 목매지 말아라. 크리에이터 채널을 통한 비즈니스는 결국 관계 비즈니스이고, 관계 비즈니스의 핵심은 찐팬이다. 앞으로는 채널을 굳건히 지켜줄 '콘크리트층'이 얼마나 있는지를 확인하자.

유튜브 크리에이터라면 누구나 구독자 100만 명을 꿈꾼다. 골드버튼을 받을 수 있고, 광고 단가도 그에 맞춰 상승하기 때문이다. 하지만 모든 채널이 골드버튼을 달성할 수는 없다. 채널에 따라 성장 한계선이 존재하기 때문이다.

유튜브는 취향 기반 플랫폼이다. 취향에 따라 유튜브 채널의 카테고리가 정해지고, 해당 취향을 향유하는 사람이 얼마나 있느냐가 채널의 성장 한계선을 결정한다. 푸드라는 카테고리도 입맛과 취향에 따라 어떤 사람은 고기 채널을 선호하고, 어떤 사람은 채식 관련 채널만 보기도 한다. 그렇다면 육식과 채식으로 취향을 나눈다고 했을 때 채널의 성장 한계선은 어떤 카테고리가 더 높을까?

한국농촌경제연구원에 따르면 2022년 기준 1인당 3대 육류 소비량은 58.4kg, 쌀은 56.7kg이다. 매년 육류 소비량은 증가하고 쌀 소비량은 감소하고 있고, 이 추세는 계속될 것으로 보인다. 이는 주식인 쌀보다 육류를 더 많이 먹고 있다는 방증이기도 하다. 반면 한국채식연합의 추정에 따르면 2022년 비건은 250만 명으로 대한민국 인구를 5천만 명이라 했을 때 비건 인구는 전체의 약 2% 수준이다. 즉, 육류를 즐기는 사람이 채식을 즐기는 사람보다 훨씬 많기 때문에 채널의 성장 한계선이 높게 측정된다.

빅데이터 플랫폼인 썸트렌드에서도 육류와 채식의 차이를 확인할 수 있는데, 2023년 1월 기준으로 최근 한 달 내 '삼겹살' 언급량은 91,740회로 '비건' 언급량인 32,071회나 '채식' 6,963회보다 육류가 월등히 높다는 걸 알 수 있다. 때문에 고기를 다루는 크리에이터 채널은 충분히 100만 구독자를 목표로 삼아볼 만하다. 푸드 카테고리에서 자리를 잡은 **고기남자 MeatMan**(구독자 123만 명) 채널과 채식 위주의 채널을 비교하면 확연히 알 수 있다. 모두 다 조리법이나 먹는 법을 알려주고 있지만, 채식 위주의 채널이 육류 채널의 구독자수 규모를 목표로 하기에는 한계가 있다.

레시피 방식에 따라서도 차이가 존재한다. 2023년 3월 기준, 중식 레시피 카테고리에서 가장 큰 구독자를 보유하고 있는 **이연복의 복주머니** (44.8만 명)와 일식 카테고리를 대표하는 **코우지 TV [일일일식]**(40.8만 명)도 구독자수 규모로만 보면 크지만, 국내 레시피 카테고리에서 1등은 단연 한식이다. 그중에서도 '집밥' 채널은 채널수도 많고, 채널 성장률도 높으며 성장 한계선 또한 100만 명 이상이다.

육류 소비량이 채소보다 많은 국내에서는 같은 푸드 채널이지만 고기를 소재로 하는 고기남자 MeatMan 채널이 구독자수와 조회수 면에서 더 유리하다.

2019년 6월 백종원 셰프가 **백종원 PAIK JONG WON**이라는 유튜브 채널을 개설하고 이틀 만에 100만 구독자를 달성할 수 있었던 이유 중 하나도 이 때문이라 할 수 있다. 백종원은 유튜브를 운영하기 전부터 〈마이 리틀 텔레비전〉, 〈집밥 백선생〉 등 TV 프로그램을 통해 대중에게 이미 '손쉬운 집밥 레시피'라는 이미지로 각인되어 있었다. 집에서 쉽게 해 먹을 수 있는 초간단 요리 레시피를 보고 싶은 팬들이, 백종원의 채널이 개설되자마자 바로 구독 버튼을 눌러버린 것이다.

그렇다면 요리에 취미가 있어 푸드 채널을 운영하려 한다면 어떤 콘셉트로 기획해야 할까? 일단 채널 성장 한계선이 높은 카테고리를 선택하는 게 안전하다. 국내 타깃 채널이라면 한식, 그중에서도 집밥이라는 하위 카테고리를 추천한다. 집에서 누구나 적은 재료로 쉽게 따라 할 수 있는 간편식이라면 더 좋다. 이연복 셰프도 채널의 방향성을 단순 중식에서 집에서 쉽게 따라 할 수 있는 간편 중식과 중식 식재료가 들어간 간편 집밥으로 바꾸면서 채널 성장률이 가파르게 상승했다. 중식만을 했던 2023년 3월에 45만이었던 구독자수는 6개월 만에 65만이 되었으며, 평

이연복 셰프는 '10분도 안 걸리는 청경채볶음', '초간단 계란덮밥'처럼 중식 식재료를 이용한 집밥 레시피를 선보이며 중식은 집에서 할 수 없을 것이라는 편견을 깼다. 동시에 '누구나 따라 할 수 있는', '쉽게 알려주는' 콘셉트를 내세우며 채널 성장률을 급등시켰다.

균 조회수 역시 5배가량 올랐다.

패션 카테고리에서 많은 구독자를 보유하고 있는 **깡스타일리스트**(구독자 124만 명)는 '여자들이 좋아하는 가을 소개팅룩 10가지', '셔츠 잘 입고 싶은데 어떻게 해야 하나요?[데일리룩길라잡이]' 등 1030세대 남성이라면 궁금해할 대중적인 영상으로 인기가 많다. 무엇보다 171cm라는 대한민국 남성 평균 체형임을 내세워 타깃 범위를 넓게 설정할 수 있다는 점이 채널을 성장시키는 데 주요 요소로 작용했다.

그렇다면 타깃 범위가 넓지 않아 성장 한계선이 낮은 콘텐츠는 하면 안 되는 걸까? 연예계 대표 패셔니스타인 김기방 배우가 운영하는 **기방시 kivanchy**(구독자 14.6만 명)는 자신의 특별한 체형을 내세워 '통통한 남자를 위한 체형 커버 특별 비법 대공개'와 같은 영상을 주로 제작한다. 기방시 채널의 시청자는 김기방 배우와 비슷한 체형을 가진 사람들로 어떻게 옷을 입어야 할지 잘 몰라서 채널을 구독할 것이다. 때문에 대한민국 남성의 평균 체형을 가진 사람이라면 기방시보다는 깡스타일리스트 채널을 볼 확률이 더 높고, 통통한 체형보다 평균 체형의 인구분포도가 더 높을 테니 구독자수가 더 많을 수밖에 없다.

그렇다면 기방시 채널의 규모를 키우기 위해서는 어떻게 해야 할까? 타깃을 확장하면 된다. 대한민국 남성의 평균 키와 체형을 가진 사람들을 게스트로 초대하여 스타일 꾸며주기 콘텐츠를 진행하는 것이다. 특히 김기방은 아메카지나 워크웨어 스타일로도 인지도가 있기에, 평범한 체형이면서 이와 같은 스타일을 원하는 시청자들이 신규 구독자로 유입될 확률이 높다. 이게 바로 같은 카테고리일지라도, 채널별로 성장 한계선을 알아야만 하는 이유다.

채널마다 다루고 있는 소재도 추구하는 콘셉트도 다 다른데 왜 구독자수 100만이라는 하나의 목표만 좇으려 하는가. 크리에이터는 자기 채널의 성장 한계선을 알고, 그에 맞게 채널의 방향성을 피보팅pivoting 하는 등 전략적으로 채널을 운영해야 한다. 채널의 목표를 구독자수가 아니라 찐팬을 만드는 것에 두고, 그것에 집중하는 게 채널 지속 가능성이 더 크다. 크리에이터는 관계 비즈니스라는 것을 잊지 말자.

'인급동'의 비밀은
일상에 있다

유튜브 트렌드를 읽으려면, 유튜브의 '인기 급상승 동영상' 탭만 들여다보면 될까? 아니다. 유튜브는 일상을 비추는 거울이기 때문에, 일상에서의 변화가 곧 유튜브의 트렌드가 된다. 2022년 구글이 발표한 국내 유튜브 영상 중 전체 1위는 에버랜드 직장인 '소울리스좌'다. 영혼이 없는 듯한 캐릭터와 이에 반해 흥이 날 수밖에 없는 랩의 미묘한 언밸런스함에서 오는 웃음 포인트로 무려 2,800만 회가 넘는 조회수를 기록했다. 그런데 이 영상에는 한 가지 비밀이 숨어있다.

소울리스좌 영상은 2022년 4월에 업로드되었다. 이 시기는 길었던 사회적 거리두기가 해제된 시기로 공식적으로 야외활동이 가능해졌다. 리테일 분야 전문 분석 업체 와이즈앱에 따르면 사회적 거리두기가 해제된 직후 전월 대비 사용량 증가가 가장 높은 앱 종류는 놀이공원이었다.

2022년 대한민국 유튜브 최고 인기 동영상 1위를 찍은 에버랜드 소울리스좌 영상이 올라간 것은 그해 4월로 사회적 거리두기가 해제된 시점과 절묘하게 맞물렸다.

롯데월드 어드벤처는 264%, 에버랜드는 156% 증가했는데, 이 시점에 딱 맞춰 소울리스좌 영상이 업로드된 것이다.

유튜브 콘텐츠의 성과는 일상생활과 긴밀한 관계가 있다. 이는 팬데믹 전후의 트렌드를 보면 알 수 있다. 팬데믹 시기에는 하늘길이 막혀 캠핑 중심의 아웃도어 카테고리와 시골로 찾아가는 로컬 트렌드가 인기가 많았다. 인스타그램에서도 #캠핑 해시태그만 848만 개가 집계되었고, 연관어인 #백패킹은 155만 개, #캠핑스타그램은 147만 개, #캠핑요리는 123만 개 등 수백만의 결과를 보여줬다. 하지만 엔데믹 이후로는 해외여행이 주목받으면서 관광, 항공, 숙박, 면세 등 해외여행 관련 콘텐츠가 급

2장 유튜브의 오해와 진실

상승했다.

팬데믹 기간의 캠핑 트렌드는 유튜브뿐 아니라 일상 전반에 큰 영향을 미쳤다. 관세청에 따르면 2019년에 비해 2022년 11월 기준 캠핑품 수입이 2.4배 늘었고, TV 예능 프로그램에도 캠핑 콘텐츠가 줄줄이 등장했다. tvN의 〈바퀴 달린 집〉은 시즌 4까지 방영했고, 엔데믹에 접어들어 해외여행 콘텐츠가 유행하자 〈텐트 밖은 유럽〉처럼 캠핑과 해외여행을 결합한 프로그램이 나오기도 했다. 현대자동차는 아예 차박(차에서 하는 캠핑) 콘셉트로 광고했고, 스타벅스는 이벤트 상품으로 캠핑용품을 내걸기도 했다.

패션에서도 캠핑 트렌드에 맞춰 '고프코어'가 유행했는데, 고프코어gorp core는 고프gorp와 놈코어nomcore의 합성어로 고프는 아웃도어 활동 때 체력 보충을 위해 먹는 견과류 믹스를 뜻한다. 현재 코프코어의 대표 브랜드인 아크테릭스는 2019년에 삼성 이재용 부회장이 착용한 '100만 원이 넘는 빨간 패딩'으로 화제가 되었다. 이후 패션 피플과 셀럽들이 고프코어룩을 입기 시작했고, 아크테릭스는 고프코어룩의 대표 브랜드로 자리 잡았다. 뉴진스는 'ditto' 뮤직비디오에 아크테릭스 배낭을 메고 나와 중년들의 전유물이었던 등산복 시장에 젊은 층을 끌어들였다. '뉴진스 백팩'이라 불리는 이 배낭은 뮤직비디오가 나온 지 10개월이 지난 지금도 리셀 시장에서 약 2배 정도 높게 거래되고 있다.

발 빠른 패션 크리에이터들은 고프코어 입문 영상과 가성비 브랜드 추천 영상들을 올리기 시작했고, **브랜드보이 Brand Boy**는 패션 크리에이터가 아님에도 아크테릭스 브랜드를 소개한 영상이 자신의 채널에서 인기 동영상으로 꼽힐 정도다.

캠핑 콘텐츠도 시기에 따라 조회수가 폭등하는 콘텐츠가 있다. 6~8월 장마 기간에는 폭우 캠핑이 조회수가 보장되는 콘텐츠라 할 수 있다. **yoyo camp**의 폭우 캠핑 영상은 조회수 2,100만 회를 기록했으며, 조회수 500만 이상의 폭우 캠핑 영상도 5개나 된다. 반대로 겨울에는 '화목난로' 혹은 '설산' 콘텐츠가 조회수가 잘 나온다. 캠핑 트렌드는 MZ세대가 주축이 되어 엔데믹 이후에도 꾸준히 인기 있는 콘텐츠로 자리 잡았다.

팬데믹 시기에 캠핑과 함께 주목받은 콘텐츠가 있었는데, 시골을 배경으로 하는 로컬 트렌드다. 사람이 많은 곳이 위험했던 시기적 상황이 반영된 트렌드라 할 수 있다. 현재는 복잡한 도시 생활에 지친 직장인들이 한적한 시골로 향한 듀얼라이프, 5도2촌(일주일에 5일은 도시 생활, 2일은 시골 생활), 4도3촌이라는 콘셉트로 인기를 이어가고 있다.

이러한 로컬 트렌드에 힘입어 **백종원 PAIK JONG WON**의 시골의 숨겨진 맛집을 찾아가는 '님아 그 시장을 가오'와 예산 시장 활성화 콘텐츠인 '시장이 되겠습니다'가 인기를 얻었다. 또한 양양의 서피비치는 헬스 크리에이터들과 브이로그 크리에이터들의 성지로 떠올랐다.

엔데믹 이후에는 그동안 못 간 해외여행에 대한 수요가 크다 보니 관련 콘텐츠들이 주목받기 시작했다. 우선 해외여행 콘텐츠는 두 시기를 살펴봐야 한다. 확진자 감소로 인해 해외여행이 슬금슬금 풀리던 시점인 2021년 2분기와 2022년 4월 이후다. 대표적인 여행 크리에이터 **곽튜브**는 2021년 7월에 올린 러시아 입국 영상으로 큰 인기를 얻었는데, 이 시기는 코로나 확진자 감소로 해외여행을 가는 사람들이 폭증하던 시기와

2장 유튜브의 오해와 진실

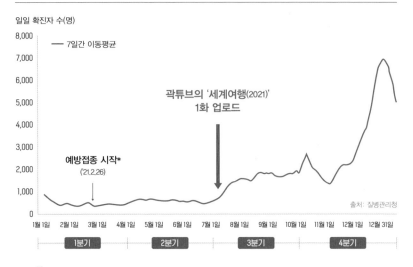

2021년 코로나19 확진자 발생 현황

일일 확진자 수(명)

— 7일간 이동평균

곽튜브의 '세계여행(2021)'
1화 업로드

예방접종 시작*
('21.2.26)

출처: 질병관리청

1월 1일 2월 1일 3월 1일 4월 1일 5월 1일 6월 1일 7월 1일 8월 1일 9월 1일 10월 1일 11월 1일 12월 1일 12월 31일

1분기   2분기   3분기   4분기

> 팬데믹 시기에도 확진자 수가 감소해 해외여행 수요가 반짝 늘어났던 시기가 있었는데, 곽튜브는 이때 '세계여행(2021)' 시리즈 1화를 올려 채널이 급성장했다.

일치한다. 이러한 흐름에 맞춰 곽튜브의 '세계여행(2021)' 시리즈는 38화까지 올라왔고, 대부분 100~300만의 조회수를 기록했다.

　2022년 4월 이후 본격적으로 해외여행이 가능해지자 유튜브 인기 급상승 카테고리의 대부분을 해외여행 콘텐츠가 차지하기도 했다. 여행 크리에이터뿐 아니라 다른 카테고리의 크리에이터들도 해외여행 콘텐츠를 올렸는데, 뷰티 카테고리의 LeoJ Makeup은 뉴욕으로, 국제 커플 NB couple엔비커플은 나타샤의 고향인 마케도니아로, **토모토모 TomoTomo**는 토모의 고향인 일본으로 떠났다. 심지어 캠핑 카테고리인 Rirang OnAir도 부지런히 배낭을 꾸려 몽골에서 캠핑하는 영상을 올리기도 했다. 김태호 PD도 여행 크리에이터들과 함께 〈지구마불 세계여행〉이라는 예능 프로그램을 만들었다.

엔데믹은 국내 크리에이터뿐 아니라 한국에 방문하는 해외 유튜버 채널도 성장시켰다. **영국남자**는 사람들의 리액션 영상을 주요 콘텐츠로 하고 있는데, 한국 관련 콘텐츠를 올리는 외국인 중 여러 면에서 최정상급인 채널이다. 팬데믹이 끝나면서 영국 고등학생들과 함께 한국을 방문한 영상은 인기 급상승 카테고리에 오르며 코로나19로 주춤했던 국내 시청자의 관심을 다시금 가져오게 되었다. **CLAB** 채널은 한국에 살고 있는 외국인이 가족들을 초대에 한국 문화를 경험하게 해주는 콘텐츠를 만들었는데, 해당 영상들은 조회수가 평균 200만 회가 넘는다.

반대로 TV 콘텐츠가 유튜브 트렌드에 영향을 미치기도 한다. 제주도를 배경으로 한 tvN 드라마 〈우리들의 블루스〉가 높은 시청률을 기록하면서 제주도 관련 콘텐츠가 유튜브에서 인기를 끌었다. 드라마 방영 훨씬 전부터 제주도 방언 콘텐츠로 채널을 운영하고 있던 **뭐랭하맨**은 이때 구독자수가 엄청 늘어 드라마 방영 전 2만이었던 구독자수가 방영 후 20만 명을 넘었다. 알고리즘의 축복을 받은 것이다. 그러나 반짝 인기로 끝나지 않은 것은 채널 운영자의 진정성과 꾸준함의 결과라고 할 수 있다.

〈우리들의 블루스〉 종영 이후 2022년 6월 기준 최근 한 달간 업로드된 '제주도' 관련 영상 49개를 분석한 결과, 가족이나 친구, 연인, 반려견과 제주도 여행을 한 영상들이 영상의 업로드 개수, 총조회수, 평균 조회수 등에서 모두 높게 나왔다. 이는 〈우리들의 블루스〉가 제주도를 배경삼아 가족, 친구, 연인 간의 달고 쓴 인생을 잘 그려냈기 때문이다. 해당

《 주제별 제주도 관련 영상 비교 》

(2022년 6월 기준)

영상 주제	영상 비율	영상 개수	총조회수	평균 조회수
가족, 친구, 연인, 반려견과 제주도 여행	46.9%	23	11,255,710	489,379
제주도 낚시	20.4%	10	571,488	57,149
제주 음식	10.2%	5	1,419,627	283,925
제주도 부동산	8.2%	4	671,356	167,839
제주 현지인 관점 콘텐츠	6.1%	3	376,756	94,189
제주 여행 팁	4.1%	2	528,346	264,173
제주 캠핑	4.1%	2	137,408	68,704

시기에 LeoJ Makeup 채널에 올라온 친구들과 함께한 제주도 여행 영상이나 김나영 nofilterTV의 제주도 가족 여행 영상은 인기 급상승 동영상에 올랐다.

팬데믹이나 엔데믹처럼 특정 시기가 아니더라도 매년 유행이 돌아오는 카테고리도 있다. 레시피 카테고리 중 '김장'은 해당 철이 되면 항상 반응이 좋은 콘텐츠다. 11~12월 유튜브 인기 급상승 카테고리에는 배추와 무로 김장하는 법이 해마다 올라온다. 이 시기를 잘 활용한 채널이 있다. 레시피 채널이 아님에도 김장 콘텐츠를 제작한 한혜진 Han Hye Jin이다. 유튜브 채널을 분석해주는 웹사이트 소셜 블레이드Social Blade에 따

드라마 〈우리들의 블루스〉가 뜨면서 제주도 방언에 대한 관심이 높아졌다.
2013년부터 제주도 방언을 포함해 제주도 콘텐츠를 올렸던 뭐랭하맨 채널은
2만이었던 구독자 수가 현재 20만으로 늘었다.

르면 2022년 11월 말에 '소문난 '박나래 김치' 제대로 배우는 한혜진(레
시피 최초 공개)' 영상이 업로드된 이후 5일 동안 해당 채널의 구독자수는
2.2만 명, 채널 총조회수는 310만 회가 증가했다. 이 영상으로 한혜진 채
널에는 기존 젊은 여성층 외에 나이가 있는 주부층 구독자들이 새롭게
유입되었다. 그래서인지 이 영상에는 유독 "언니"가 아닌 "한혜진씨"라
고 부르는 댓글이 많이 달려있다.

　만약 레시피 크리에이터라면 치킨값 인상 이슈가 있었을 때 집에서
쉽고 싸게 먹을 수 있는 치킨 레시피 콘텐츠를 제작해보자. 먹방 크리에
이터라면 싸고 맛있는 동네 치킨집을 찾아다니면 된다. 실제로 이연복
셰프는 치킨값 인상 때 집에서 만들 수 있는 프라이드 치킨 레시피를 통

해 93만 조회수를 얻었다. 이전 영상들보다 약 3~5배 높은 성과였다. 대학생 브이로거 하은 hauensea은 겨울철 붕어빵 장사 콘텐츠로 채널 성장의 발판을 마련하기도 했다. 어떤 콘텐츠가 바이럴되느냐에 대한 질문에 미디어기업 버즈피드buzzfeed의 퍼블리셔 다오 응우엔Dao Nguyen은 이렇게 말했다.

> "중요한 것은 사람들이 무엇을 하는지, 무엇을 읽거나 보는지, 어떤 생각을 하는지입니다. 이용자의 삶에 실질적으로 어떤 도움이 되는지가 중요합니다. 즉, 콘텐츠가 독자나 시청자에게 어떤 기능을 하는지 생각해야 합니다."

이렇듯 일상의 변화를 파악하는 것이 신규 콘텐츠 기획의 핵심이다. 트렌드 파악이라고 해서 거창할 필요는 없다. 평소에 주변을 잘 살펴보면 사람들의 일상에 어떤 변화가 일어나고 있는지 보일 것이다. 유튜브에 올라오는 인기 급상승 동영상을 주시하는 건 남들보다 한발 늦은 결과밖에 만들어내지 못한다.

편집도 없이, 대충 찍은 동영상이
더 인기 있는 이유

유튜브는 영상 공모전이 아니다. 유튜브의 본질은 날것에 있다. 연예인과 브랜드가 유튜브로 유입되면서 퀄리티를 강조하며 고급화되는 경향이 있는데, 이 둘 모두 TV 프로그램이나 TV CF 제작 환경에 익숙하기 때문이다. 그들 입장에서는 '이렇게 소규모로 제작해도 되나' 싶을 정도다.

　유튜브도 많은 제작진과 좋은 장비로 퀄리티 있는 콘텐츠를 만들어 낼 수 있다면 좋을 것이다. 문제는 수익성이다. 유튜브는 마라톤과 같으므로, 결과적으로 돈이 남아야 채널을 유지할 수 있다. 유튜브는 영상 길이가 20분 이상 되고, 평균 조회수가 100만이 나오지 않으면 제작진이 10명만 되어도 적자가 나는 시스템이다. 조회수 수익과 광고 수익으로는 제작비를 충당할 수 없다는 뜻이다. 무엇보다 시청자가 유튜브에서 기대하는 바는 TV처럼 퀄리티 높은 콘텐츠가 아니라 TV에서는 볼 수 없는,

　　　　　　　　　　　　2장 유튜브의 오해와 진실

유튜브이기에 가능한 재미와 정보다. 중요한 점은 조회수를 올리는 재미와 정보라는 요소가 꼭 제작비와 비례하지 않는다는 것이다.

연예인 채널은 예외적으로 기본 구독자수와 평균 조회수가 보장되는 경우가 있어서 제작진이 붙기도 한다. 유재석을 메인으로 하는 **뜬뜬 DdeunDdeun**은 평균 조회수가 200~300만 회가 나오고, 채널을 개설한 지 1년도 채 되지 않았는데 구독자수 100만 명을 달성했다. 하지만 출연진 인지도가 확고하지 않은 이상 이런 결과를 내기는 어렵다(유재석이 진행하는 콘텐츠와 그렇지 않은 콘텐츠의 조회수 차이가 큰 것만 봐도 알 수 있다).

그렇다고 모든 연예인 채널이 규모가 크게 제작되는 것은 아니다. 가수 김종국은 그를 아는 사람이라면 모를 수 없을 정도로 운동이라는 명확한 취향을 가지고 있다. 오죽하면 채널명에도 'GYM'을 넣었겠는가. **김종국 GYM JONG KOOK** 채널을 보면 대부분 운동 관련 콘텐츠로 헬스장에서 운동하거나 동료 연예인들의 운동 코치를 자처하는 그의 모습을 볼 수 있다. 그 과정에서 운동에 관한 정보 전달도 잊지 않는다. 김종국 팬뿐 아니라 운동을 좋아하는 사람들까지 채널로 유입되면서 채널을 개설한지 5일 만에 구독자수 100만 명을 달성했다. 또한 6개월 만에 올해 유튜브 인기 크리에이터 1위에 선정되었다.

이 정도 기록을 세운 연예인 채널이라면 왠지 TV 프로그램처럼 잘 짜인 각본과 영상이 필수라고 생각할 수 있다. 연예인 채널이니 수십 명까지는 아니어도 많은 제작진과 좋은 장비를 사용할 거라 생각할 것이다. 하지만 김종국은 일반적인 유튜브 크리에이터들처럼 촬영하고, 편집한다. 촬영 카메라는 한 대고, 서브로 스마트폰을 주로 사용한다. 유재석과 지석진이 출연한 '추석이니까 재석..(진)' 영상을 보면 어떤 방식으로 콘텐츠를 제작하는지 엿볼 수 있다. 이 영상에서 지석진은 이렇게 말한다.

"야! 왜 이렇게 장비가 없어?" "너 이렇게 핸드폰으로 찍은 것도 편집해서 들어가냐?" "이야, 나 이렇게 소규모 스텝은 처음 봐."

방송인 노홍철이 2020년 6월에 유튜브 채널을 개설하고 올린 첫 영상은 세로 화면에 무편집한 영상이었다. 이 영상은 노홍철이 운영하는 홍철책빵에 온 손님이 스마트폰으로 찍어준 것으로, 마이크도 없어서 말하는 것도 잘 안 들린다. 진정 날것 그대로의 콘텐츠였다. 해당 영상은 조회수 209만 회가 나왔고, 그는 편집할 줄 모른다는 이유로 그다음 영상도 편집 없이 올렸다. 편집 없이 올린 세 개의 영상으로 **노홍철** 채널은 개설 9일 만에 구독자수 20만 명을 기록했다.

아나운서 도경완과 가수 장윤정 부부가 운영하는 **도장TV**도 마찬가지다. 도장TV의 첫 영상 인트로에는 이렇게 나온다.

"이 영상은 내가 찍고 내가 만든 완벽 100% 핸드메이드로 다소 퀄리티가 떨어질 수 있음을 알려드립니다."

실제로 해당 영상은 도경완이 직접 촬영해서 장윤정의 얼굴이 제대로 보이지 않거나 잘려 보이기도 한다. 앵글은 하나고, 자막은 하얀색에, 글씨체는 평범하다. 부부가 식사하면서 편하게 이야기를 나누는 이 영상

2장 유튜브의 오해와 진실

은 당시 인기 급상승 동영상에 올랐으며, 도장TV 채널은 개설 3일 만에 구독자수가 10만 명을 넘었다.

연예인 소속사 채널 중에서는 **매니지먼트 엠엠엠 MANAGEMENT MMM OFICIAL**이 가장 유튜브답게 제작한다. 배우 김태리가 직접 찍은 '거기가 여긴가' 시리즈만 봐도 날것의 생생한 느낌이 그대로 담겨 시청자들의 반응이 좋았다. 영화나 드라마 속 연출된 배우의 모습이 아니라 친숙하고 꾸밈없는 모습으로 1화 조회수만 300만 회가 넘었으며, 이후에도 꾸준히 100만 회 이상을 기록했다.

연예인이라면 투자도 받고, 소속사의 도움을 받아 좀 더 나은 퀄리티의 영상을 제작할 수도 있는데, 왜 그렇게 하지 않는 것일까? 유튜브는 퀄리티가 아니라 그때 그때 기획력이 중요하기 때문이다. 또한 주요 시청 도구가 스마트폰이라 스마트폰으로 봤을 때 불편하지 않을 정도의 퀄리티면 된다. DSLR 카메라까지 필요 없다. 요즘은 스마트폰 기능이 좋아 스마트폰으로 찍어도 충분하다. 해상도가 720p만 돼도 스마트폰으로 보기에 무리가 없다.

한국에서는 특히 중장년층에게 영상 퀄리티가 별로 중요하지 않은 요소임을 알 수 있다. 레시피 채널인 **주부나라**와 리폼 채널인 **신의손이선생-DIY edigna** 채널은 내려찍는 형태로 촬영해 영상을 최대한 크게 보여주는 것에만 포커스가 맞춰져 있다. 폰트 색이나 모양 따위는 중요하지 않다. 이 채널의 주요 시청자층인 중장년층에게 영상이 잘 보이지 않아 눈을 찡그리는 등의 불편함을 최소화하기 위함이다. MZ세대 소비자를 집중 분석하는 연구기관인 대학내일20대연구소의 《Z세대 트렌드

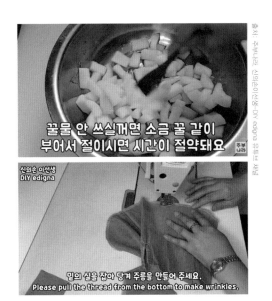

출처: 주부나라, 신의손이선생-DIY edigna 유튜브 채널

> 주부나라와 신의손이선생-DIY edigna의 영상 퀄리티는 고르지 않지만, 채널의 타깃인 중장년층에 맞춰 자막과 영상을 최대한 크게 보여줌으로써 시청자의 불편함을 덜어주었다.

2024》에서는 '날것 콘텐츠'가 관심을 끌 것으로 예측하며, 콘텐츠 트렌드의 핵심은 편집을 최소화한 즉흥성임을 강조한다.

집에서 주로 촬영하는 크리에이터라면 굳이 마이크를 쓰지 않아도 된다. ASMR이나 오디오북, 커버곡 등 오디오가 중요한 콘텐츠가 아니라면 말이다. BGM과 효과음도 마찬가지다. 퀄리티를 높이겠다고 이것저것 하는 것보다 콘텐츠 성격에 맞게 본질에 충실한 편이 가장 좋다. 무엇보다 유튜브 채널을 운영하면서 크리에이터가 부담을 느껴서는 안 된다. 처음부터 무리하기보다 채널을 키우면서 하나씩 보완해가자. Hyoeuni효은이라는 PC방 알바생 크리에이터는 구독자가 10만 명이 되기 전까지 모든 영상을 스마트폰으로 찍고 편집했다. 이후 채널이 커지면서 장비를 하나씩 장만해가며 퀄리티를 높였다.

유튜브 운영 시 최대한 저예산 방식으로 날것의 느낌을 내도록 제작하는 것을 추천한다. 웹예능처럼 작가와 PD가 필요한 형태가 아닌, 연예인 채널로 예를 들자면, 매니저나 소속사 관계자에게 촬영을 부탁하고, 컷 편집이나 자막과 같이 품이 많이 드는 1차 편집은 프리랜서 편집자에게 맡긴다. 그리고 피드백을 최대한 자세히 주는 형태로 진행하여, 비용은 편집자 인건비 정도로만 나가게 잡는 것이다. 이렇게 하면 협찬 광고 없이 유튜브 조회수 수익만으로도 적자를 면할 수 있고, 유튜브라는 장기전을 헤쳐 나갈 수 있는 힘이 되어준다.

크리에이터를 포함하여 영상을 만드는 사람들은 두 부류로 나뉜다. PD와 편집자가 그것이다. 편집자는 단시간에 빠르게 영상을 만드는 사람으로 손이 빠를수록 능력 있는 편집자다. 말 그대로 영상을 편집만 하면 된다. 반면에 PD는 남들이 할 수 없는 신선한 콘텐츠를 만들어낼 수 있는, 기획력을 갖춘 사람이어야 한다. "영상의 퀄리티를 잘 뽑아내야 채널이 성공할 수 있다"는 것은 크리에이터에게 PD의 역할이 아닌, 편집자의 역할만 강조하는 것이다. 편집은 기술이 발달할수록 AI 등에 대체될 확률이 높지만, 기획력은 어떤 기술로도 대체 불가능하다.

인플루언서에게 광고를 맡기기 전에 꼭 살펴보세요!

시청자가 크리에이터의 영상을 한 개 시청하는 순간 구글에는 수많은 데이터가 생성된다. 구글은 유튜브 스튜디오(크리에이터 공간으로 인지도 관리, 채널 성장, 시청자와의 소통, 수익 창출 등을 관리할 수 있다)를 통해 이 데이터를 관리하는데 이 데이터는 공개 기준에 따라 사적 지표 private data 와 공적 지표 public data 로 나뉜다. 사적 지표는 해당 채널의 크리에이터와 크리에이터가 권한을 준 사람만 볼 수 있고, 공적 지표는 말 그대로 누구나 열람 가능하다. 공적 지표로는 채널마다 동일하게 공개되는 구독자수, 조회수, 좋아요수 등이 있다.

인플루언서 마케팅의 경우 공적 지표를 토대로 단가를 설정하고 세일즈를 진행한다. 문제는 사적 지표를 공개하지 않고 공적 지표인 구독자수만을 강조하여, 광고 사기 Ad Fraud 를 칠 수 있다는 것이다. 예컨대 국

2장 유튜브의 오해와 진실

《 유튜브 공적 지표와 사적 지표 》

	데이터 기준	데이터명
공적 지표	채널 성장을 알려주는 지표	구독자수
	영상에 대해 보여주는 지표	조회수, 영상 길이, 업로드 날짜
	시청자에 대해 보여주는 지표	좋아요수, 댓글수
사적 지표	실시간으로 시청자가 얼마나 보고 있는지 알려주는 지표	지난 1시간 기준 분당 조회수, 지난 이틀 기준 시간당 조회수 등
	시청자가 얼마나 오래 봤는지 알려주는 지표	시청 완료율(평균 조회율), 평균 시청 지속 시간, 누적 시청 시간(h) 등
	시청자에게 얼마나 도달했는지 알려주는 지표	노출수, 노출 클릭률 등
	시청자에게 행동을 유발한 인게이지먼트 지표	좋아요수, 공유수, 댓글수 등
	시청자의 세부적인 데이터를 알려주는 지표	연령별, 성별, 글로벌 비율, 도시 비율, 내 채널을 주로 보는 시간대, 이용 기기 등
	시청자의 취향을 알려주는 지표	내 시청자가 주로 시청하는 채널과 콘텐츠, 내 시청자의 검색 키워드 등
	시청자의 팬심을 알 수 있는 지표	구독자와 비구독자의 비율, 알림 설정 비율 등
	시청자가 어디서 유입되었는지 알려주는 지표	유튜브 피드인지 외부인지, 어떤 추천 동영상인지, 어떤 검색 키워드인지 등
	채널 수익 관련 지표	영상별 수익, 월별 수익, 구글의 광고 상품별 수익, CPM, RPM 등

내 타깃의 광고주를 대상으로 크리에이터만 한국인일 뿐 시청 타깃은 동남아인, 구독자수만 많은 채널을 파는 식이다. 이럴 경우 아무리 광고비를 쏟아부어도 밑 빠진 독에 물 붓기일 뿐이다. 광고 시장에서 인플루언서 파급력이 커진다는 예측이 난무함에도 인플루언서 마케팅 성과에 대한 의문이 드는 이유도 이런 광고 사기가 존재하기 때문이다.

그렇다면 크리에이터의 데이터를 크롤링^{crawling} 해서 랭킹을 매기는 사이트 정보는 믿을 만할까? 얼추 맞을 수는 있으나 100% 정확하다고 할 수 없다. 이들 사이트도 결국 공적 지표만 분석했기 때문이다. 구글 알고리즘의 핵심인 시청 완료율에 대한 권한이 없는 한 대부분의 분석표는 100% 신뢰해서는 안 된다. 특히 크리에이터의 수익 추정은 틀린 경우가 허다하다. 쇼츠^{#Shorts} 가 수익화되기 전(2023년 2월)부터 쇼츠 크리에이터들의 수익을 억 단위라고 추정한 크롤링 사이트들이 있었다. 그런데 정작 해당 크리에이터는 돈을 벌지 못하는 상황이었다. 이런 사이트는 크리에이터의 사적 지표를 볼 수 있는 권한이 없기에 공적 지표만을 크롤링해서 분석해줄 수밖에 없다. 물론 광고 사기라고 말할 수는 없다. 기준이 없던 인플루언서 마케팅 시장에서 기준점을 제공하기도 했고, 특히 '평균 조회수'도 함께 보여주는 분석 사이트는 참고해도 좋다. 어차피 크리에이터가 공적 지표를 공개하지 않는 한, 채널의 기준 잣대가 되는 것은 '평균 조회수'이기 때문이다. 인플루언서 마케팅에서 일어나는 광고 사기란 이 공적 지표 자체를 속여서 판매하는 것을 말한다. 실제로 크리에이터의 사적, 공적 지표를 온전히 볼 수 있는 사람은 크리에이터 본인과 채널 관리자, 구글이 공식적으로 인정한 MCN사들이다.

또한 유튜브 조회수 수익에 대해서도 반드시 알아야 할 사항이 있다. 조회수 수익은 '광고주의 입찰 관점'에서 이해해야 한다. 크리에이터는 업로드한 영상이 시작되기 전이나 중간, 혹은 끝나고 보이는 광고 영상에 따라 돈을 번다. 당연히 조회수가 높고 시청 완료율이 긴 크리에이터일수록 광고주에게 매력적인 광고 채널이다. 실제로 유튜브의 모든 콘텐츠 유형 중 입찰 단가가 가장 높은 것은 '뮤직 콘텐츠'다. 왜냐하면 뮤직 콘텐츠의 시청자들은 일반적으로 노래가 끝날 때까지 영상을 틀어두고 반복적으로 시청하기 때문이다. 브랜드라면 당연히 그런 채널에 광고하고 싶어 할 테고, 수요가 많으니 광고비가 상승하는 것이다. 이를 CPM^{Cost Per Mille} (광고 비용 측정 모델로, 1천 회 광고 노출 시 사용된 비용을 의미한다)이라고 하는데, 이렇게 보면 한때 떠돌았던 '조회수 1회당 1원'은 틀린 말이다. 참고로 하나의 채널 안에서도 영상의 인기도에 따라 CPM은 전부 다르며, 인기 있는 영상일지라도 시기별로 CPM이 달라진다. 그 영상의 한 달 전 조회수 1회당 단가와 두 달 전 조회수 1회당 단가가 서로 다르다는 뜻이다.

또한 같은 조회수여도 선진국일수록 개도국에 비해 수익이 큰데, 이는 선진국이 개도국에 비해 디지털 마케팅 시장이 활성화되었기 때문이다. 디지털 광고 시장 규모가 크다는 건 디지털 광고 예산을 더 쓴다는 뜻이니 당연히 입찰 경쟁이 심하고, CPM이 올라가 조회수 수익이 늘어난다.

유튜브의 조회수 수익은 이렇게 복잡다단하게 얽혀있다. 크리에이터마다 영상 길이, 시청 완료율, 글로벌 비율이 다르고, 같은 카테고리로 분류되어도 똑같은 CPM은 존재하지 않는다. 하나의 채널 안에서도 영상마다 CPM은 다 다르다.

그런데 여전히 구독자수에 따라 광고 단가가 정해지는 경향이 남아 있어 구독자수만 많고 평균 조회수가 나오지 않는 채널에 브랜드를 광고하는 경우가 많다. 이럴 경우 조회수는 1~2만 회밖에 나오지 않고, 시청 완료율이 10%도 안 되기 때문에 영상의 후반부에 광고가 나가면 시청자에게 광고가 아예 노출되지 않기도 한다. 채널 조회수 대신 노출수를 강조하기도 하는데, 노출수는 원래 조회수의 5~10배가량으로 측정된다. 피드에 뜨면 노출수로 측정되기 때문이다. 이 역시 영상을 클릭했다고 하더라도 끝까지 보지 않으면 의미가 없다. 섬네일에 광고하는 경우는 거의 없으니 말이다.

구독자수의 국내외 비율도 중요하다. 외국어 자막을 넣으면 타깃 범위가 넓어져 당연히 채널 규모가 커지고, 조회수가 잘 나온다. 이 경우도 구독자수나 조회수만 보고 광고를 넣으면 낭패를 보기 쉽다. 해외 비율이 80%고 국내 비율이 20%인 채널에 크리에이터가 한국인이라는 이유로 국내 타깃 채널로 포장해 세일즈하면 어떨까? 당연히 광고 효과가 없다. 그러므로 영어 자막이 있고, 댓글이 영어로 도배되어 있다면 한 번쯤 의심해봐야 하며, 반드시 사적 지표 중 시청자의 국내/해외 비율을 요청해야 한다. 크리에이터가 한국인이어도 국내보다는 해외에서 인기 있는 채널일 확률이 높다.

심지어 유튜브는 돈을 주고 조회수를 살 수 있다. 불법도 아니다. 구글 애즈에 돈을 지불하면 원하는 국가에 원하는 타깃에 맞춰 채널을 노출해주고, 이에 따라 일정량의 조회수를 얻는다. 이를 일컬어 '매체 집행' 혹은 '구글 애즈를 돌린다', '광고를 돌린다'라고 표현한다.

구글 애즈는 상당히 고도화되어 있어 브랜드가 제품 페르소나를 정하는 것과 비슷하다. 검색 광고, 디스플레이 광고, 동영상 광고 등 광고 상품별로 가능하며, 성별, 연령, 가계 소득, 결혼 상태, 자녀 유무, 직장을 다니고 있는지 은퇴했는지, 반려동물을 키우는지 등 세부적인 취향까지 설정해 타기팅할 수 있다. 예를 들어 '메이크업'이라는 키워드를 넣으면, 클렌저 및 메이크업 리무버, 페이스 화장품, 아이 화장품, 피부 관리 제품, 매니큐어 및 페디큐어처럼 세부적인 기준까지 설정한 광고를 노출할 수 있도록 돕는 식이다.

문제는 구글 애즈를 통해 나라와 언어도 설정이 가능하다는 것이다. 아프리카도 문제없다. 개도국일수록 광고주가 지불하는 비용^{CPM}이 싸니 가성비 있게 광고를 노출해 효과를 볼 수 있다. 실제로 타깃 설정만 잘하면 동남아에서 5만 원으로 1~2만 정도의 조회수를 얻기도 한다. 이 방법으로 얼마든지 유튜브 광고 영상의 조회수를 조작할 수 있다. 100만 원만 들여서 아프리카나 동남아로 구글 애즈를 돌리면 몇십만 조회수를 얻을 수 있으니 말이다.

그나마 구글 애즈를 돌린 영상은 특징이 있다. 조회수에 비해 압도적으로 좋아요와 댓글수가 적다. 조회수는 수백만인데 댓글수는 200개 내외이며, 좋아요수도 100개가 채 되지 않는 경우가 많다. 당연하다. 시청자와 어떠한 교감도 없이, 비용을 지불해서 노출도를 올렸기 때문이다. 물론 이러한 광고 영상이 무조건 사기라는 뜻은 아니다. 국내를 타깃으로 할 경우, 한국으로 설정해서 구글 애즈를 사용하면 정당한 방식이다. 하지만 아프리카나 동남아를 타깃으로 사용했을 경우 거짓된 정보를 활용했기 때문에(국내 타깃인데 해외에서 조회수를 쌓았으니) 명백한 광고 사기가 된다.

2023년 9월 기준 유튜브 스튜디오에 '구글 애즈' 기능이 업데이트되었다. '프로모션(베타 테스트)' 탭이 생겼고, 크리에이터가 구글 애즈를 거치지 않고 돈을 쓰는 만큼 영상의 노출수와 조회수를 확보할 수 있다. 이 기능 역시 '국가'와 '언어'를 타기팅해 설정하는 구간이 있다. 정식 도입될 경우, 크리에이터 채널의 사적 지표를 더 들여다봐야 할 것이다. 특히 브랜드 협찬 광고 진행 시 크리에이터는 해당 광고 영상의 사적 지표를 의무적으로 공개해야 한다.

그동안은 채널을 평가할 수 있는 실질적인 데이터인 사적 지표가 공유되지 못해 '인플루언서 마케팅은 성과 측정 도구가 없다'고 여겨져왔다. 이는 크리에이터 입장에서도 좋지 않다. 채널 운영을 통해 얻을 수 있는 수익에서 브랜드 협찬 광고 수익이 큰 부분을 차지하는데, 광고 사기가 만연하게 되면 브랜드가 어떻게 인플루언서 마케팅을 계속 진행할 수 있겠는가. 그러니 크리에이터는 광고주에게 사적 지표를 제공할 의무가 있고, 광고주는 이를 요청할 권리가 있다. 필수적으로 봐야 하는 사적 지표는 채널 시청자의 국내와 글로벌 비율, 연령대, 성별이다. 사적 지표를 통해 마케팅을 진행한다면 구독자수가 많지 않아도 광고별로 목적에 맞는 성과를 얻을 수 있다.

유튜브 팩트 체크,
구글이 제공하는 정보가 가장 정확하다

유튜브는 유독 정확하지 않은 정보들이 많다. 아무리 팩트 체크를 한다고 해도 여전히 팩트처럼 꾸민 거짓 정보들이 많이 공유되고 있다. 대표적인 예로 '영상을 30초 이상 봐야 조회수로 카운팅된다'라는 것이 있다. 이는 '인스트림 광고(콘텐츠 시작 전에 나오는 광고로 5초 이후 스킵이 가능한 광고)를 30초간 시청했을 때 조회수로 집계된다'는 것을 잘못 이해한 것이다. 몇 초 이상 봤을 때 조회수로 카운팅되는지는 구글을 제외하고 아무도 모른다. 이제까지 공개된 적이 없으며, 구글 본사에 물어봐도 해당 정보는 알려줄 수 없다고 한다. 쇼츠도 마찬가지로 몇 초 이상 봐야 조회수로 카운팅되는지 알 수 없다. 한 개의 컴퓨터에서 여러 개의 인터넷 창을 켜놓고, 여러 개의 구글 계정으로 같은 영상을 반복적으로 시청하는 사례처럼 조회수를 올리기 위해 악용될 수도 있기 때문이다. 그렇다면 유튜브에 관한 정확한 정보는 어디서 얻어야 할까?

첫째, 구글이 공식적으로 운영하는 유튜브 채널이다. 글로벌 버전 YouTube Creators 과 국내 버전 YouTube 크리에이터 이 있는데, 신규 업데이트 기능, 변경된 정책과 가이드 등을 구글 담당자가 직접 설명해준다. 또한 크리에이터의 토크 콘서트나 인터뷰 영상을 통해 유튜브 채널 운영 관련 팁도 얻을 수 있다. 구독 후 알림 설정을 해두면 좋다. 글로벌 버전의 경우 한국어로 자동 번역되므로 영어를 못해도 상관없다. 궁금한 내용의 키워드를 한글로 입력해도 관련 정보를 얻을 수 있다.

예를 들어 '채널을 6개월 이상 운영하지 않으면 채널 수익이 정지되는지'가 궁금하다면 YouTube Creators 채널 검색란에 '6개월'이라고 치면 된다. 유튜브는 6개월 동안 운영하지 않으면 수익 창출 조건이 정지되지만, 다시 채널을 운영할 때 유튜브 수익 창출 조건인 YPP YouTube Partner Program 조건을 달성한 뒤 신청하면 회복된다.

한국어 버전을 이용해도 무방하지만, '한국어 버전만 보면 되겠지'라고 생각해서는 안 된다. 유튜브 신규 기능이 업데이트되는 국가들 중에서 한국은 2순위이기 때문이다. 대부분의 기능이 인도와 미국에서 먼저 테스트되고 그다음 한국에 적용된다. 쇼츠는 2020년 9월 인도에서 가장 먼저 도입되었고, 미국은 2021년 3월에, 한국은 2021년 7월에 적용되었다. 유튜브 정보를 빠르게 캐치하려면 글로벌 버전도 항상 체크해야 한다. 트렌드를 읽기 위해서는 한발 앞서 빠르게 정보를 입수하는 게 중요하다.

그런데 왜 한국은 2순위일까? 간단하다. 2023년 1월 기준, 인도의 유

출처: Think with Google, 유튜브 공식 채널/YouTube 크리에이터

> 유튜브에 대한 가장 정확한 정보와 이용법은 구글이 제공하는 '유튜브 크리에 이터' 채널에서 얻을 수 있다. 새로운 기능과 사용법, 우수 콘텐츠 사례들을 통 해 크리에이터에게 도움이 되는 각종 가이드를 제공한다.

튜브 이용자수는 4억 6,700만 명이고, 미국은 2억 4,600만 명인 것과 비 교해 한국은 고작 4,600만 명이다. 전체 순위로는 14위다. 전 세계 유튜 브 이용자수는 약 25~27억 명 정도로 추정하고 있는데, 인도는 전체의 18%, 미국은 9% 정도다. 베타 테스트는 모집단이 큰 곳에서 진행해야 오류나 불편 사항, 상용화된 후의 가치들을 정확하게 파악할 수 있기 때 문에 모집단이 작은 한국(2%)은 순위권에서 밀려날 수밖에 없다.

유튜브는 유튜브 채널 외에도 구글이 공식적으로 운영하는 블로그도 있다. 마찬가지로 글로벌 버전^{YouTube Official Blog}과 국내 버전^{YouTube 한국 블로그}으로 나뉜다. 공식 블로그인 만큼 유튜브 가이드뿐 아니라 업데이트 사 항과 크리에이터 인터뷰 등도 상세하게 포스팅되어 있다. 블로그는 유튜 브보다 더 자주 확인해주는 게 좋다. 유튜브는 업데이트 정보를 영상으 로 만들어야 해서 블로그보다 늦게 올라오는 경우가 있다. 국내 블로그 는 크리에이터 인터뷰가 많은데, 채널 운영에 도움 될 만한 꿀팁들이 많 으니 참고하면 좋다.

유튜브 코리아에서 운영하는 인스타그램 계정@youtubecreatorskorea도 추천한다. 유튜브에 대해 궁금한 점을 카드 뉴스 형태로 쉽게 보여주고, 인기 있는 크리에이터를 추천하거나 종종 질문에 다이렉트로 답변도 해준다.

둘째, 공식 가이드다. 구글에 '유튜브 고객센터'라고 검색하면 유튜브에 관한 모든 공식 페이지가 나온다. 유튜브 고객센터 검색란에 궁금한 내용의 키워드를 치면 공식 정보만 보여주기 때문에 잘못된 정보를 얻게 될 확률이 줄어든다. 그중에서도 눈여겨봐야 할 항목은 '노란 달러(노란 딱지, 주로 '노딱'이라고 부른다)'에 대한 것이다. 유튜브에 업로드되는 영상에는 기본적으로 '초록 달러'가 붙는데, 이는 수익 창출이 가능한 동영상임을 뜻한다. 반면 노란 달러는 선정적이거나 폭력적, 혹은 아동에게 부정적인 자극적인 콘텐츠로 인식되어 수익 창출이 불가능해진 동영상이다. 다만 유튜브 플랫폼이 자체적으로 판단을 내리는 탓에 종종 오류가 나기도 한다. 가령 서른 살이 넘은 배우 박보영은 너무 어려 보인 나머지, 한때 키즈 크리에이터로 인식되어 브이로그 영상의 댓글이 막히기도 했다. 이와 비슷한 오류가 발생했을 때, 잘 모르겠다면 우선은 위의 사이트들에 들어가 키워드를 검색해보자(참고로 노란 달러는 자극적인 영상에서의 이미지가 해당 영상의 앞에 노출되는 광고의 이미지에까지 영향을 준다고 판단되어 붙는 것이다. 유튜브 측에서는 이를 두고 '광고주 친화적인 콘텐츠 가이드라인을 지키지 않았다'고 표현하고 있으니, 지나치게 자극적인 영상을 제작하는 일은 되도록 피하는 게 좋다). 특히 구글이 제작한 친절한 가이드 영상 항목이 큰 도움이 될 것이다.

셋째, 만약 영상을 보고 텍스트를 읽어도 이해가 잘 되지 않거나 헷갈린다면 직접 물어보면 된다. 실시간 채팅을 통해 문의하면 빠르게 답변을 들을 수 있다. 구글에 '유튜브 채팅 문의'라고 검색하면 '유튜브 크리에이터 지원팀에 문의하기'라는 링크가 나온다. 영어로 질문하면 가장 빠르게 답을 얻을 수 있지만, 여러 언어를 지원하고 있어서 한국어로 질문해도 된다. 단, 크리에이터 본인임을 확인하는 과정이 필요하다. 크리에이터 본인이나 관리자 기능이 부여된 계정으로만 채팅해야 원하는 답변을 얻을 수 있다. 실시간 채팅의 경우 1차 답변으로 유튜브 고객센터의 가이드를 링크로 전달해주는 경우가 많으니 반드시 유튜브 고객센터에 들어가서 해당 내용을 찾아보고, 그래도 모를 때 이용하는 게 좋다.

앞서 설명한 채널들만 구독해서 알림 설정만 해도 유튜브 플랫폼에 대한 이해도를 높일 수 있다. 특히 채널 운영을 시작한 지 얼마 안 된 크리에이터는 대부분 혼자 채널을 운영하기 때문에 크리에이터들 사이에 떠도는 '~카더라' 정보에 흔들리는 경우가 있는데, 공식 채널만 확인해도 그 정보가 가짜인지 진짜인지 알 수 있다. 나도 유튜브 컨설팅을 하면서 꾸준히 체크하는 채널이기도 하다.

3

채널
매니지먼트

채널은 무조건
한 줄 요약!

처음 만나는 크리에이터에게 꼭 하는 질문이 있다.

"지금 운영하는 채널, 한 줄로 요약할 수 있을까요?"

대부분이 당황하면서 10초쯤 고민하다가 답한다. 아예 대답을 못하는 경우도 더러 있다. 이런 크리에이터가 운영하는 채널은 대부분 성장이 더딘 편이다. 크리에이터도 자신의 채널을 한 줄로 요약하지 못하는데, 시청자가 어떻게 해당 채널이 무슨 채널인지 알 수 있겠는가.

이런 채널은 분석해보면 중구난방이다. 처음에는 자신이 좋아하는 분야에 대해 영상을 만들다가 "유튜브에서 지금 이게 뜬다"라는 말을 들으면 무작정 따라 한다. 그러다 다시 원래의 콘텐츠로 돌아오면 그나마 희망적이지만, 아예 방향을 잃어버리고 이것저것 다 해보다가 채널이 사라지는 경우가 왕왕 있다.

유튜브 알고리즘은 '끼리끼리'다. 공통된 취향을 가진 사람들을 모아주는 역할을 한다. 초기에 구독자가 어떻게 모였는지를 알려면 채널의 '인기 동영상 순'을 보면 된다. 다른 영상들보다 월등히 조회수가 높은 영상을 분석해 한 줄로 정리하면 그게 시청자들이 내 채널에서 원하는 이미지다. 간혹 내가 생각하고 있는 이미지와 다를 수 있다. 나는 A라는 주제를 좋아해서 A에 관해 만들다가 갑자기 B라는 영상 몇 개를 올렸더니 그게 반응이 좋아 조회수가 올라가고 구독자수도 많아졌다. 그러면 A보다는 B라는 카테고리 안에서 채널의 이미지가 더 명확하게 만들어진 것이다.

뷰티 메이크업 콘텐츠를 중심으로 운영하다가 조회수가 잘 나오지 않자, 다이어트 영상을 올린 경우라고 해보자. 살을 빼기 전 사진과 살을 뺀 후의 사진을 비포앤애프터 형태로 섬네일을 설정하고, 식단이나 운동법 관련 영상을 3~4개 정도 올렸다. 그런데 이 영상이 폭발적인 조회수를 보이고, 덕분에 채널 규모도 커졌다. 그렇다면 이 채널은 뷰티 메이크업 채널일까? 다이어트 채널일까? 냉정하게 들리겠지만 수치는 거짓말을 하지 않는다. 다이어트 채널이며, 향후 콘텐츠는 뷰티 메이크업이 아니라 다이어트 중심으로 제작해야 한다. 비록 원래 내가 추구했던 방향이 아닐지라도 말이다.

그러므로 채널이 보여주고자 하는 바를 간결하게 한 줄로 요약해보자. 그런 다음 한 줄 요약과 콘셉트가 일치하는 영상을 꾸준히 올리고 있느지 확인하고, 인기 동영상 순으로 영상을 분석해 이와 일치하는지 체크해보자. 한 줄 요약과 동일하다면 그 분야를 밀고 나가면 된다. 만약 다르다면 채널의 방향성을 고민해야 한다.

"방송 작가라면 초등학생이 봐도 한 번에 알아들을 수 있도록 글을 써야 한다"라는 말처럼 유튜브 채널도 누가 봐도 무슨 채널인지 한눈에 알 수 있어야 한다. '나'라는 크리에이터가 어떤 콘텐츠를 만들고, 어떤 매력을 갖고 있는지를 간단명료하지만 임팩트 있게 전달하는 것이다. 이때 캐릭터가 명확할수록 좋다. 맛깔스럽고 솔직담백한 언행으로 젊은 세대에게 더 주목받은 **박막례 할머니 Korea_Grandma**처럼 말이다. 타고난 말투나 목소리가 특이하다면 이를 내세워도 좋고, 매번 특정 의상을 입고 등장하는 식으로 나만의 캐릭터를 만드는 게 필요하다.

유튜브는 휘발성이 강한 플랫폼이다. 유튜브에서 매일 수많은 영상을 보지만, 기억에 남는 영상은 몇 개나 되는가? 유튜브는 인터넷 강의처럼 집중해서 보는 것이 아니라 킬링타임용으로 가볍게 보거나 필요한 정보만 빠르게 찾아보는 경우가 대부분이다. 때문에 시청자에게 채널을 한 번에 각인시키지 못하면 그들이 채널을 다시 찾아올 확률은 낮다.

또한 점점 짧아지는 시청 형태도 고려해야 한다. 시청 형태가 짧아진다는 것은 그만큼 한 영상에 오랫동안 집중하지 못한다는 의미다. 요한 하리Johann Hari가 쓴 《도둑맞은 집중력》에서 미국 10대들은 한 가지 일에 65초 이상 집중하지 못하며, 직장인의 평균 집중 시간은 3분이라고 했다. 즉, 시청자는 유튜브 영상을 보다가 조금이라도 재미없거나 원하는 정보가 나오지 않으면 바로 다른 영상으로 넘어간다. 미국 워싱턴 대학

교의 데이비드 레비^{David Levy} 교수는 이를 '팝콘 브레인^{Popcorn Brain}'이라고 표현했다. 팝콘처럼 터지는 강한 자극을 계속 원하게 된다는 것이다. 유튜브 알고리즘의 중요 지표가 시청 완료율인 이유도 이 때문이다. 앞으로는 시청자를 내 영상에 잡아 두기 점점 어려워질 것이고, 쇼츠는 이 현상을 더 가속화시킬 것이다.

유튜브는 이미 치열한 전쟁터가 되었다. 나보다 매력적인 채널이 등장하면 바로 대체된다. 사람의 취향은 하나가 아니라서 같은 카테고리가 아니어도 대체될 수 있다. 또한 시청자를 끌어들이고 잡아둬야 한다는 점에서 TV뿐 아니라 웹예능, OTT도 경쟁자다. 웹툰이나 웹소설, SNS도 있다. 심지어 엔데믹으로 오프라인 활동이 다시 활성화되고 있어 이제는 페스티벌, 운동, 여행 등 아웃도어 활동과도 경쟁해야 한다. 2000년대 초반 "레고의 경쟁자는 닌텐도다"라는 광고 문구처럼 말이다. 트렌드를 따라가거나, 타깃 확장 등은 나중 일이다. 채널의 내실부터 다지는 게 가장 중요하다.

크리에이터의 숙명, 이미지 소비를 극복하는 가장 현실적인 방법

'채널이 살아있다'는 것은 크리에이터가 영상을 올릴 때마다 평균 조회수가 높고 안정적으로 나오며, 중간중간 터지는 콘텐츠가 있는 경우를 뜻한다. 이를 '건강하다'고 표현하기도 한다. 반면, 구독자수에 비해 평균 조회수가 월등히 낮게 나올 경우 '채널이 죽어있다'고 말한다. 구독자수는 100만 명인데, 평균 조회수는 1만 이하라면 죽은 채널이다. 한 번 죽은 채널은 심폐 소생하기도 어렵다.

유튜브 채널의 수명은 대부분 3~5년 정도로, 이때쯤 많은 채널이 '사느냐 죽느냐' 기로에 서게 된다. 서서히 평균 조회수가 예전처럼 잘 나오지 않는 경험을 한다. 크리에이터 세대를 구분하는 기준도 이와 같다. 대체 왜 그럴까?

바로 '이미지 소비' 때문이다. 대중 앞에 서는 직업이라는 점에서 크리에이터는 연예인과 비슷하다. 다만, 연예인은 드라마나 영화, 혹은 앨범 발매를 기준으로 활동 기간과 그렇지 않은 기간이 나뉘어 있지만, 유튜브 크리에이터는 쉬는 기간 없이 주기적으로 영상을 올리기 때문에 연예인에 비해 이미지 소비가 훨씬 빨리 이뤄진다. 일반적으로 크리에이터는 일주일에 한 개의 영상을 올리는데, 대중에게 최소 일주일에 한 번씩 노출된다는 의미다(2회 이상 영상을 올리는 사람도 있고, 여러 SNS 채널을 통해 매일 자신을 노출하는 사람도 있다). 그렇게 되면 소위 말해 쉽게 질린다. 이미지 소비가 클수록 시청자가 크리에이터에 느끼는 호기심이 줄어들고, 이는 곧 채널 이탈률을 높여 평균 조회수가 낮아진다.

1990년대에 '얼굴 없는 가수' 혹은 '신비주의'라는 콘셉트를 내세운 연예인들이 등장했는데, 이미지 노출을 우선시했던 기존 공식을 깨고 대중에게 새로운 자극을 주면서 등장부터 큰 관심을 얻었다. 반면에 요즘은 SNS 채널인 쇼츠와 틱톡에 아티스트 한 명의 뮤직비디오가 반복적으로 보이면서 바이럴 마케팅 논란이 생기기도 한다. 대중에게 많이 노출된다고 해서 꼭 좋은 것은 아니다.

그렇다면 어떻게 해야 이미지 소비를 적절히 하면서도 꾸준히 대중에게 다가갈 수 있을까? DICKHUNTER딕헌터를 운영하는 신동훈은 2013년 크루 형태로 지인들과 함께 **쿠쿠크루−Cuckoo Crew**라는 유튜브 채널을 시작했다. 주로 재미있는 장난이나 실험, 상황극 등을 하는 '선 넘는 개구쟁이' 콘셉트의 채널이었다.

쿠쿠크루 채널은 많은 구독자를 끌어들이며 인기 채널 반열에 올랐지만, 신동훈은 그로부터 1년이 좀 지난 뒤 DICKHUNTER딕헌터라는 새

신동훈은 쿠쿠크루-Cuckoo Crew의 '선 넘는 개구쟁이' 이미지에서 DICKHUNTER딕헌터 채널에서 '욕망의 먹방 시리즈'를 통해 '푸드섹서'라는 새로운 이미지를 획득했다.

로운 채널을 개설했다. 이 채널에서 신동훈은 쿠쿠크루에서의 모습과는 완전히 다른 이미지를 구축했다. 초반에는 여러 콘셉트의 영상을 올렸는데, 2017년 3월 '욕망의 연어 먹방'이 시청자의 큰 관심을 받으면서 이후 욕망의 먹방 시리즈를 중심으로 채널 운영을 했다. 이 먹방 시리즈는 기존 먹방과 달리 검은 배경에, 검은 장갑과 검은 옷, 검은 모자를 활용해서 영상에 음식의 색감만 드러내고, 시리즈 이름답게 그만이 할 수 있는 19금스러운 먹방을 보여준다. 현재까지 3천만 회에 가까운 조회수를 기록하며 그에게 '푸드섹서food sexer'라는 새로운 이미지를 만들어주었다. 신동훈은 '선 넘는 개구쟁이'에 머무르지 않고 '푸드섹서'라는 새로운 이미지를 만들어내며 이전보다 더 많은 구독자를 얻었고, 한국뿐만 아니라 전 세계적으로 큰 인기를 끌고 있다.

　유튜브는 '이미지 전쟁터'다. 크리에이터의 이미지가 소진되는 순간, 채널은 죽은 것과 다름없다. 2020년 8월 이미지 문제로 많은 채널들이 동시다발적으로 죽어버린 사건이 있었다. 광고임에도 유료 광고 고지를 하지 않고 시청자들을 속인 '뒷광고 사건'이다. 이는 크리에이터의 도덕적인 이미지에 훼손을 준 사건으로 당시 많은 채널들이 사과하고 자숙에 들어갔다. 친근한 동네 언니, 오빠, 형의 이미지로 직접 써보니 좋다며 추천해준 제품들이 광고였던 것이다. 이는 시청자와의 신뢰를 저버린 행동이다. 일부 크리에이터는 복귀하기도 했지만, 시청자 관심을 되돌리기까지 긴 시간이 걸렸다.

　만약 구독자수가 더는 늘지 않고, 평균 조회수가 점점 낮아지고 있다면 그때가 바로 새로운 이미지 획득이 필요한 시점이다. 신동훈처럼 완전히 새로운 채널을 개설하지 않아도 된다. 기존 콘텐츠와 겹치지 않는 신규 콘텐츠를 통해서도 충분히 가능하다. 그렇게 신규 콘텐츠가 성공적으로 안착한다면, 새로운 구독자가 채널에 유입될 것이고, 이는 채널 성장 및 타깃 확장으로까지 이어질 것이다. 하나의 채널 안에서 다채로운 이미지를 여럿 획득할수록 소화할 수 있는 광고 제품군도 늘어난다. 크리에이터의 숙명인 이미지 소비를 극복하고, 비즈니스로까지 이어지는 '이미지 획득', 안 할 이유가 없다.

신규 콘텐츠 기획 1:
내 채널을 시청하는 사람들은 누구인가

구글의 유튜브 스튜디오에 들어가면 시청자의 연령대와 성별 데이터 정보를 볼 수 있다. 이를 통해 내 채널 시청자의 남성과 여성 비율은 각각 얼마인지, 연령대는 어떻게 되는지 알 수 있다. 시청자 데이터를 세부적으로 살펴보면 시청자가 나에 대해 가지고 있는 이미지가 보인다. 크리에이터의 성별과 팬의 성별을 따져보면 총 6가지 경우의 수가 나온다.

① (크리에이터가) 여자인데, 남자한테 인기 많은 사람

② (크리에이터가) 여자인데, 여자한테 인기 많은 사람

③ (크리에이터가) 여자인데, 남자 여자 모두에게 인기 많은 사람

④ (크리에이터가) 남자인데, 남자한테 인기 많은 사람

⑤ (크리에이터가) 남자인데, 여자한테 인기 많은 사람

⑥ (크리에이터가) 남자인데, 남자 여자 모두에게 인기 많은 사람

시청자는 이 중 하나에는 분명 속한다. 그리고 유형에 따라 취향과 분위기가 명확하게 차이가 난다. 예를 들어보겠다. 내가 ④번 유형이라면, 남자인데 남자한테 인기 많은 사람은 누가 있는지 찾아보자. OTT 플랫폼 디즈니플러스에서 방영한 드라마 〈카지노〉에 나오는 차무식이라는 캐릭터는 형들에게는 예의 바르고, 동생들을 잘 챙기며, 주변에서 신뢰 있는 형 동생으로 통하는 인물이다. 의리도 있고, 무력도 있으며, 깡다구와 배짱으로 할 땐 하는 성격을 가지고 있어 많은 남성들의 전폭적인 지지를 받았다. 시청자가 올린 카지노 관련 영상과 댓글에서 모두 그를 '무식이형'이라고 지칭할 정도였다. 내가 ④번 유형이라면 나의 캐릭터를 차무식과 비슷한 이미지로 구체화하면 된다.

반대로 ②번 유형의 크리에이터라면 Mnet 댄스 서바이벌 프로그램 〈스트릿 우먼 파이터〉에 나온 댄서들을 참고하면 된다. "잘 봐, 언니들 싸움이다"라는 말을 유행시킬 정도로 승패 앞에 당당하고 쿨한 모습을 보인, 소위 말해 '기 센 언니들'의 조합은 2030 여성들에게 열풍을 일으켰고, 콘서트는 오픈한 지 1분 만에 전석 매진을 기록했다. 이처럼 여자인데 여자에게 인기가 많다면 걸크러쉬로 캐릭터를 구체화해보면 좋다.

두 번째로 '연령대'를 살펴보자. 유튜브는 만 나이를 기준으로 13~17세, 18~24세, 25~34세, 35~44세, 45~54세, 55~64세, 65세 이상으로 나눈다. 이를 조회수 기준과 연결하면 다음 표와 같다. 여기에서 조회수별로 어느 연령대가 내 영상을 집중해서 봤는지 알 수 있다. 앞서 설

명한 성별과 연결해서 비교해볼 수도 있다.

조회수 기준	
분류	합계
만 13~17세	22.3%
만 18~24세	16.4%
만 25~34세	14.6%
만 35~44세	28.9%
만 45~54세	7.3%
만 55~64세	6.3%
만 65세 이상	4.2%
합계	100%

조회수 기준			
분류	여성	남성	합계
만 13~17세	8.5%	13.8%	22.3%
만 18~24세	8.1%	8.3%	16.4%
만 25~34세	7.2%	7.4%	14.6%
만 35~44세	13.8%	15.1%	28.9%
만 45~54세	3.2%	4.1%	7.3%
만 55~64세	2.7%	3.6%	6.3%
만 65세 이상	2.6%	1.6%	4.2%
합계	46.1%	53.9%	100%

표를 보면 가장 많은 연령대는 35~44세(28.9%)고, 그다음이 13~17세 (22.3%)다. 그렇다면 해당 채널에서 새로운 콘텐츠를 기획할 때 3040세대 가 좋아하는 콘텐츠를 고민해야 할까? 아니다. 그보다는 13~17세가 좋 아하는 것은 어떤 것이 있는지 생각해야 한다. 만 13세 이하와 13~17세 는 부모 계정으로 유튜브를 보는 경우가 많기 때문이다. 유튜브는 아동 용 계정일 경우 일부 기능이 제한되기 때문에, 실제로 대다수의 키즈 크 리에이터 시청자 데이터는 이런 분포도를 보인다. 데이터를 분석할 때는 이러한 부분들도 고려해야 한다.

한 가지 더 유의할 점은 단순히 18~24세, 25~34세처럼 연령대나 성별로 나누는 것이 아니라 시청자층을 채널 타깃층에 맞게 이미지화해야한다. 취향은 그 취향을 메인으로 향유하는 연령대와 성별이 존재하기 때문이다. 자동차와 장비가 필요한 캠핑은 10대들이 즐기기는 어렵다. 마인크래프트는 4050세대보다 10대에게 훨씬 인기 있는 게임이다. 마라탕은 남성보다 여성이, 격투기는 여성보다 남성이 즐겨 본다.

만약 게임 카테고리 채널을 운영하는데 시청 타깃의 메인이 13~17세의 남성이라면, '남자 중고등학생이 많이 본다'라고 그려볼 수 있는 것이다. 남성과 여성 비율이 비슷하고, 50세 이상의 중년층이 많이 보는 채널이라면 '중년 여성과 남성이 가장 많이 본다'라고 이야기할 수 있다.

같은 카테고리라도 타깃이 누구냐에 따라 콘텐츠 제작 방향성이 달라진다. 예를 들면, 레시피 카테고리엔 주부 또는 자취생이 메인 타깃이다. 만약 주부를 타깃으로 잡았다면 '제철 식재료를 장아찌로 담아 오래보관하며 먹는 방법'처럼 밑반찬류가 그려질 것이고, 자취생을 대상으로한다면 '계란 덮밥 레시피'처럼 식재료 값이 싸고, 조리 과정도 간편하며, 간단한 한 끼 식사가 되는 레시피를 고려할 것이다.

시청자를 이미지화하기 위해서는 연령대별, 성별 특징을 알아두면좋다. 일반적으로 어린이와 중장년층이 충성도가 높고, 영상을 건너뛰기하거나 중간에 이탈하는 경향도 낮아 평균 지속 시청 시간이 길다. 댓글의 말투를 보면 연령대와 성별은 어느 정도 유추가 가능하다. 나와 시청자에 대한 이미지 없이 백지상태에서 신규 콘텐츠를 기획하는 일은 너무나 막막한 일이다. 콘텐츠 기획에 좀 더 쉽게 접근하기 위해서는 머릿속으로 타깃의 이미지를 그려보는 게 도움이 될 것이다.

신규 콘텐츠 기획 2:
같은 카테고리 다른 채널들의 공통점을 찾아라

내 채널을 한 줄 요약할 줄 알면, 다른 채널도 한 줄 요약할 수 있게 된다. 내가 속한 카테고리의 여러 채널을 한 줄 요약하다 보면 공통점이 나오는데, 그것이 시청자가 해당 카테고리를 보는 본질적인 이미지다. 이를 파악해서 신규 콘텐츠 기획에 활용해보자.

다음 표는 2023년 1월 넷째 주에 조회수가 잘 나온 펫 카테고리 영상의 제목을 정리한 것이다.

표를 보면 강아지를 의인화하거나 강아지 리액션을 보여주는 영상이 많다. 이런 식으로 강아지 카테고리에서 인기 있는 영상들을 분석하면 다음과 같은 공통점이 나온다.

《 펫 카테고리 영상 제목 유형 》

영상 제목	채널명
이개 애기야~ 강아지야~ 퐁키는 정말 사람 아기 같아요!	[THE SOY]루퐁이네
개야 사람이야? 사람보다 유연한 필라테스 하는 강아지 🐾 (이런 강아지 처음 봐요..) I KBS 생생정보통 221207 방송	KBS동물티비 : 애니멀포유 animal4u
단호한 강아지... (진돗개 철벽)	진똥개 풍이
강아지 물놀이 대참사 #shorts	떠튜브
허스키 수다 끝판왕! 엄마랑 대화하는 강아지	BooQoo Husky Girl
강아지유치원 다니는 강아지의 하루	BooQoo Husky Girl
집사한테 말대꾸 좀 치는 강아지 (말 많음 주의)	아리둥절 Ari the Corgi
강아지가 혀로 그린 그림	BooQoo Husky Girl
한국어하는 강아지 (한국어패치 완료 k-husky)	BooQoo Husky Girl
자는척 발연기하는 강아지	BooQoo Husky Girl
간식이 사라지는 마술을 본 강아지가...	[THE SOY]루퐁이네
강아지가 아끼는 침대를 뺏었더니 울기 직전.. ㅠㅠ	뚜비TV
간식 뺏어먹는 장난감 보고 개빡친 강아지ㅋㅋㅋ	뚜비TV

① 강아지가 아기와 함께 있는 영상

② 강아지에게 장난을 쳐서 리액션을 끌어내는 영상

③ 강아지를 의인화하는 영상

④ 오랜만에 주인을 만나 방방 뛰며 반가워하는 영상

⑤ 강아지와 다른 종의 동물(고양이, 칠면조, 소 등)과 함께 있을 때 반응을 보는 영상

⑥ 강아지가 혼자 있을 때 보이는 분리 불안 영상

⑦ 강아지에 관한 정보성 영상

공통점을 발견했다면 강아지에 대해 사람들이 가지고 있는 본질적인 이미지를 알 수 있다. 바로 '귀여움'이다. 시청자들이 원하는 강아지의 귀여움은 채널마다 다양한 콘텐츠로 표현되는데, **포메라니안 레페**는 아기와 강아지 조합으로 귀여움에 귀여움을 더했다. 아기를 챙기는 강아지 육아 영상은 1천만 회가 넘는 조회수를 기록하기도 했다.

강아지 리액션 영상도 귀여움에 기반한다. 주인이 공룡탈을 쓰고 장난을 치거나 간식을 주다가 기절한 척했을 때 강아지가 어떤 반응을 보이

강아지 채널에서 시청자들이 원하는 '귀여움'이라는 본질적인 이미지를 아기와의 조합으로 풀어내면서 포메라니안 레페는 1,200만이 넘는 조회수를 기록했다.

는지 보는 것이다. **속삭이는몽자**는 주인이 귀가하자 반가운 마음에 비닐 벽을 뚫고 뛰쳐나가는 영상으로 1천만 회가 넘는 조회수를 기록했다.

다른 예로 해외여행 영상도 분석해보자. 엔데믹 이후 해외여행이 트렌드가 된 2022년 하반기에 측정한, 조회수 효율(구독자수 대비 조회수가 잘 나오는 것)로 살펴보겠다.

▶ 조회수 효율이 높은 해외여행지

: 튀르키예, 이집트, 몽골, 레바논, 트란스니스트리아, 스리랑카, 인도네시아, 루마니아, 뭄바이, 모로코, 튀니지, 이란, 인도 등

▶ 조회수 효율이 낮은 해외여행지

: 일본, 괌, 캐나다, 사이판, 크로아티아, 태국, 대만, 발리, 방콕, 베트남, 미국, 하와이, 프랑스 등

* 넷플릭스로 오리지널 시리즈 〈수리남〉으로 유명해진 수리남이나 월드컵 개최국인 카타르는 제외
* 2023년 하반기에는 엔저 현상의 지속으로 일본 여행 인구가 늘었고, 그에 따라 '일본 여행'이 인급동에 자주 등장하며 조회수 효율이 좋은 해외여행지로 올라서는 데 성공했다.
* 참고로 2022년 하반기에는 '일본 무비자 풀리자마자 떠나기' 외의 모든 일본 여행 영상의 조회수 효율이 좋지 않았다.

조회수 효율이 잘 나온 해외여행지의 공통점은 무엇일까? '친숙하지 않은 곳'이라는 것이다. 여행의 본질적 의미는 탐험 혹은 새로운 경험으로 친숙하지 않기 때문에 새롭게 느껴지고 거기에서 대리만족을 느끼는 것이다.

운동 카테고리는 어떨까? 운동 콘텐츠를 다루는 채널의 크리에이터

는 선수 혹은 선수급인 운동 '전문가'라는 공통점이 있다. 운동은 정보성 콘텐츠라 전문가라는 타이틀이 채널의 신뢰도를 높여준다. 이런 공통점을 바탕으로 프로부터 아마추어까지 다양한 크리에이터가 있는데, 프로 선수의 경우 기초 체력 기르는 법, 올바른 운동법, 운동 기구의 그립을 잡는 법 등 전문적인 운동 정보가 조회수가 잘 나온다. 아마추어 선수는 전문 지식보다는 아마추어지만 프로 선수와 당당하게 대결하는 등 자신의 운동 능력을 보여주는 영상들이 조회수가 높다. 2019년, 육상계의 샛별이라 불리는 양예빈 선수가 질주하는 모습을 담은 영상들은 300만에서 800만 조회수까지 나왔다.

같은 운동 카테고리에서도 '축구'라는 동일한 소재를 다루고 있지만, **숏포러브**는 손흥민, 이강인, 박지성, 호날두, 누네즈 등 프로 선수들을 대상으로 콘텐츠를 제작하는 반면, **TOTAL FOOTBALL**은 아마추어 축구 경기 분석을 메인 콘텐츠로 제작한다.

나와 같은 카테고리에 속한 다른 채널들을 분석해 공통점을 뽑아내는 능력은 유튜브 채널 운영에서 정말 중요하다. 공통점을 찾는 게 힘들다면, 조회수가 잘 나온 2~3개 영상부터 분석해보자. 관찰력만 조금 키운다면 금세 방법을 터득할 수 있다. 이렇게 유튜브를 보는 눈을 키우면 자연스럽게 콘텐츠에 대한 감도 생기고, 카테고리에서 시청자가 원하는 것이 무엇인지 알 수 있어 골 결정력도 높아진다. 더는 이상한 곳에 헛발질하지 말고 공통점을 찾아 득점하길 바란다.

신규 콘텐츠 기획 3:
새로 생긴 기능에 주목하라

2023년 3월 17일, 유튜브에 팟캐스트 기능이 업데이트되었다. 팟캐스트는 재생목록 형태로 사용할 수 있으며, 영상 콘텐츠처럼 팟캐스트 데이터도 제공하고, 수익도 생긴다. 향후에는 유튜브 뮤직 앱에서도 청취 가능할 것으로 보인다. 그렇다면 우리는 새로 생긴 유튜브의 팟캐스트 기능을 보면서 다음과 같이 생각해볼 수 있다.

첫째, 왜 오디오 콘텐츠가 생겼을까? 장기간의 팬데믹으로 사람들은 집에 머무를 수밖에 없었다. 재택근무부터 온라인 수업까지 전 국민이 집에서 모든 생활을 영위하면서 이에 필요한 제품들을 구매하기 시작했고, 오디오 장비도 그중 하나다. 부모들은 아이가 온라인 수업을 들을 때 귀 건강을 위해 이어폰보다 헤드폰을, 그리고 노이즈 캔슬링 기능이 있는 오디오 장비를 구매했고, 운동을 좋아하는 사람들은 블루투스 이어폰을, 음악을 들을 때는 스피커의 성능을 따져보기 시작했다. 귀 전체를 덮는 헤드폰은 젊은 세대의 패션 아이템으로 떠오르기도 했다.

또한 유튜브 콘텐츠를 소비하는 형태도 변했다. 유튜브 영상을 재생해 듣기만 하는 형태가 등장한 것이다. 첫 번째 예로는 구글코리아가 2019년 유튜브 트렌드로 선정한 'Get Ready With Me^{GRWM}'가 있는데, 이는 크리에이터와 함께 시청자가 메이크업을 하는 콘텐츠다. 크리에이터가 외출 준비하는 모습을 올리면 시청자도 자신이 외출할 때 해당 영상을 틀어 놓고 귀로 들으며 준비하는 것이다. 시청자 입장에서는 크리에이터와 함께 준비하는 느낌을 받아 실제로 여성들이 GRWM 영상을 틀어놓고 출근 준비를 하는 경우가 많았다. 여고생 크리에이터 **미트 miit**는 '같이 학교 갈 준비해요'라는 여고생 GRWM 버전을 만들기도 했다. (이러한 흐름을 타고 내려온 것이 '최고의 밥 친구'라 불리는 **뜬뜬 DdeunDdeun**의 '핑계고'이며, 2023년 하반기 현재 가장 인기 있는 웹예능 포맷은 '토크쇼'가 되었다.)

이러한 변화된 시청 형태는 '유튜브 프리미엄'이 제공하는 기능에서도 알 수 있다. 구독료를 내면 유튜브 영상에서 화면을 끄고도 영상의 내용을 듣는 것이 가능하다(이때 핸드폰 화면엔 섬네일만 보인다). 이처럼 장비가 받쳐주고, 시청 형태가 변화하며, 이를 지원하는 기능까지 생겨나자 사람들은 자연스럽게 오디오 콘텐츠를 접하게 된 것이다.

둘째, 이 흐름은 어디서부터 시작되었을까? 오디오 콘텐츠는 팬데믹 이전에도 있던 카테고리로, ASMR^{Autonomous Sensory Meridian Response}이 대표적이다. 자율 감각 쾌락 반응을 뜻하는 ASMR은 사랑받고 있을 때, 누군가에게 좋은 관심을 받을 때 분비되는 호르몬인 옥시토신과 관련되어 있

유튜브를 영상 콘텐츠로만 여기는 경우가 많은데, ASMR 등 오디오 녹음 기술이 발달하면서 다양한 오디오 콘텐츠들도 높은 조회수를 기록하고 있다.

다고 알려졌다. 그래서 ASMR 콘텐츠는 속삭이는 방식으로 말하고, 듣는 사람에게 편안함을 제공한다는 특징이 있다.

이는 코로나가 터지고 사회 전반에 우울함이 팽배해지면서 급격히 관심받기 시작했다. 사람들은 크고 작은 코로나 블루를 겪으면서 자신의 정신 건강을 위해 편안함을 주는 오디오 콘텐츠를 찾았다. 이전에는 명상을 위한 음악 정도였으나 ASMR로 인해 빗소리, 파도 소리, 모닥불 소리 등 자연의 소리에 기반한 다양한 오디오 콘텐츠가 시청자의 사랑을 받았다.

셋째, 오디오 콘텐츠에도 유튜브가 보여줘야 하는 재미와 정보가 담겨있을까? 그동안 오디오 콘텐츠는 주로 힐링 측면에서 고려되어 왔지만, **슈카월드** 채널처럼 정보성 채널들이 많아졌다. 이뿐만 아니라 일반인의 사연을 받아 연애 조언을 해주는 **김달** 채널이나 무서운 이야기를 들려주는 **돌비공포라디오**, 전설이나 민담, 옛날이야기를 하는 **노가리 사랑방**처럼 듣는 이들에게 재미를 주는 채널도 시청자의 관심을 받고 있다.

이야기를 통해 재미와 정보를 제공해주는 채널을 찾다 보면 비슷한 콘텐츠 유형을 찾을 수 있는데, 바로 오디오북이다. 오디오북은 유튜브뿐 아니라 새로운 산업군으로 등장해 밀리의서재, 윌라 등 관련 플랫폼이 시장에 선을 보였다.

넷째, 유튜브 외 다른 플랫폼은 무엇이 있을까? 2021년 오디오 플랫폼 시장에 클럽하우스가 엄청난 주목을 받으며 등장했다. 클럽하우스는 일론 머스크처럼 일반 사람들이 쉽게 만날 수 없는, 즉 셀럽이나 연사, 기업가 등을 실시간 오디오로 만나 질문도 할 수 있고 대화를 주고받을 수도 있다. 음원 스트리밍 서비스 플로^FLO와 스포티파이도 유튜브 크리에이터 혹은 셀럽과 오디오 콘텐츠를 제작했다. 플로는 예능/미스터리, ASMR/힐링, 교양/학습, 문화/예술, 시사/경제, 오디오드라마/오디오북, 스포츠/건강 등 다양한 오디오 콘텐츠 카테고리를 보유하고 있고, 스포티파이는 한국에서 2022년 10월부터 팟캐스트 서비스를 시작했다.

국내는 해외에 비해 팟캐스트 시장이 많이 늦은 편이다. 2010년대 중반에 나와 큰 인기를 얻은 '나꼼수'를 필두로 정치 카테고리 정도만 활성화되어 있다. 이에 비해 해외는 유명 인사를 초청 일대일 심층

인터뷰를 하는 'Joe Rogan Experience', 〈그것이 알고싶다〉나 〈알쓸범잡〉과 같은 범죄 사건을 탐구하는 'Crime Junkie', 대머리의 위험성이나 초자연적인 괴담 등 전혀 상관없는 주제를 재미있게 이야기하는 'Distractble' 등 다양한 카테고리의 오디오 콘텐츠가 있다. 애플과 아마존도 오디오 콘텐츠에 투자하고 있고, 넷플릭스는 2020년에 '오디오 모드(안드로이드)'를 출시했다. 비디오 오프^{Video off}를 누르면 오디오만 들을 수 있다.

다섯째, 비슷한 과거 사례는 없을까? 오디오 콘텐츠는 라디오의 디지털 버전이다. TV에서 유튜브로 넘어온 것처럼 라디오도 팟캐스트 유형의 플랫폼으로 이동한 것이다. 대표적인 예는 이경규다. 예능 대부로 알려진 그는 사실 1980년에 라디오 희극인으로 데뷔했다. 이경규는 2023년 8월 애플 팟캐스트에서 채널을 오픈했고, '갓경규' 채널을 통해 코미디 및 영화 리뷰 팟캐스트를 진행하고 있다.

이렇게 유튜브의 새로운 기능에서 아이디어를 발전시켜 신규 콘텐츠로 도전해볼 만한 것인지 판단하면 된다. 그럼 오디오 콘텐츠의 특징을 파악해 내 채널에 어떻게 적용할지 생각해보자.

① 오디오 콘텐츠는 화면을 안 봐도 된다.

  ➡ 섬네일만 만들면 된다.

② 오디오 콘텐츠는 제작이 쉽다.

  ➡ 녹음만 하면 된다.

③ 오디오 콘텐츠는 보는 것이 아닌 듣는 것이다.

➡ 한번 들으면 끝까지 듣기에 평균 조회율(시청 완료율)이 길어져 알고리즘적으로 좋고, 수익도 잘 나온다.

④ 오디오 콘텐츠의 업로드는 라이프 스타일을 고려해야 한다.

➡ 출근이나 퇴근, 혹은 특정일(크리스마스), 잠들기 전 등 시청자의 라이프 스타일을 고려해서 업로드 시간을 정하면 된다.

임영웅 채널에는 '웅이 빛나는 밤에'라는 오디오 콘텐츠가 있다. 이는 섬네일만 있고 진짜 라디오처럼 목소리만 들린다. 때문에 영상 제작에 비해 많은 준비가 필요하지 않다. 또한 오디오 콘텐츠는 시청자들이 한번 들으면 끝까지 듣는 경향이 있어 눈으로 보는 콘텐츠보다 같은 영

유튜브는 TV뿐 아니라 라디오 콘텐츠도 집어삼켰다. 가수 임영웅은 '웅이 빛나는 밤에'라는 오디오 콘텐츠로도 팬들과 만나고 있다. 라디오는 한번 들으면 끝까지 듣는 경향이 있어서 평균 시청 완료율이 더 높게 나온다.

상 길이라면 평균 시청 완료율이 더 높게 나온다. 이는 알고리즘적으로도 좋고, 수익적으로도 좋다는 의미다. 언제 업로드하면 좋은지도 따로 분석하지 않고 기존 라디오 프로그램의 방영 시간을 참고하면 된다. 이미 오랫동안 쌓여온 데이터로 만들어진 편성표이기 때문이다. 활기찬 분위기이거나 무언가 새로 시작하는 분위기의 오디오 콘텐츠라면 출근 시간이 좋다. 뉴스와 같은 정보 전달 오디오 콘텐츠는 퇴근길에, 편안한 분위기의 오디오 콘텐츠라면 사람들이 잠드는 시간대가 최적이다.

유튜브에 업데이트된 기능 중 팟캐스트를 예로 들어 설명했지만, 이는 특정 트렌드를 발견했을 때도 적용할 수 있는 방법이다. 내가 좋아하는 분야나 취향에서 변하고 있는 움직임을 관찰하고, 변화의 이유는 무엇인지, 그 변화가 유튜브 말고 다른 플랫폼에서는 또 어떤 변화로 나타나는지, 해외에서도 비슷한 움직임이 있는지 확인해보는 것이다. '트렌드는 돌고 돈다'라는 말처럼 과거의 사례에서 찾아봐도 좋다. 새로운 콘텐츠를 기획하는 일은 가능한 한 다양한 측면에서 정보를 습득하는 것에서부터 시작해야 한다.

신규 콘텐츠 기획 4:
트렌드에 무작정 올라타지 마라

크리에이터는 신규 콘텐츠를 기획할 때 유튜브에 특정 트렌드가 뜨면 거기에만 매몰되어 생각하는 경향이 있다. 그 전에 그 트렌드가 내 채널에 맞는지부터 생각해보고, 맞을 경우 신규 콘텐츠로 고려해야 한다. 유튜브 알고리즘은 취향에 기반하므로 갑자기 이질적인 영상이 올라오면 시청자가 이탈할 가능성이 크다.

나스미디어에 따르면 유튜브 이용자 중 90%가 쇼츠를 시청한 경험이 있다고 한다. 그러면 흐름에 뒤처지지 않기 위해 쇼츠를 만들어야 할까? 아니다. 특정 카테고리는 숏폼과 맞지 않는다. 예를 들어 정보성 콘텐츠는 전자제품이나 살림 관련 가전제품, 화장품, 캠핑용품, 자동차, 밀키트나 술안주 리뷰, SNS 핫템 리뷰, 옷 잘 입는 법 등을 알려준다. 다루는 종류는 다양하지만, 전체적으로 제품 리뷰 중심으로 돌아가기 때문에 정보성 콘텐츠를 메인으로 하는 크리에이터를 커머스 크리에이터라고 부르기도 한다. 시청자가 이런 제품 리뷰 카테고리를 찾아보는 이유는 디자인적 측면, 제품 스펙에 대한 설명, 실사용을 통한 장단점, 해당 제품 관련 트렌드 및 업계 소식, 다른 제품들과의 비교, 가성비 측면에서의 판단 등 제품 전반에 대해 정확하고 신뢰도 있는 정보를 얻기 위함이다. 그래서 정보 전달량 자체가 많을 수밖에 없다. 이를 1분 이내로 전달하기는 불가능하다.

교육 카테고리도 정보성 콘텐츠인데, 유튜브에서의 교육은 영어 회화나 역사, 철학, 심리학, 우주과학처럼 교과 과목만을 의미하지 않는다. 전세 사기당하지 않는 법, 운전 연수, 텃밭 가꾸는 법 등 새로운 정보를 획득할 수 있는 콘텐츠는 전부 교육 카테고리라 할 수 있다. 이는 시청자를 이해시켜야 하므로 빠른 속도로 진행되는 쇼츠와 맞지 않는다.

물론 뉴스처럼 요약해서 전달해주거나 **1분미만** 채널처럼 우회전 과태료, 카카오톡이나 스마트폰에 대해 대부분의 사람들이 모르는 기능, 현금 환급, 신종 보이스 피싱과 같은 일상에서 유용한 팁을 빠르게 전달하는 콘텐츠는 숏폼이 가능하다. 이런 정보는 깊은 이해를 요구하지 않고 정보 자체가 가볍기 때문이다.

리뷰 카테고리에는 제품 외에도 영화 및 드라마 리뷰가 있는데, 미니시리즈 16부작(편당 1시간)을 기준으로 했을 때 16시간짜리 스토리를 1분 이내에 담았을 때 과연 시청자를 이해시킬 수 있는지 생각해보라. **어바웃 타임** 채널에서 제작해 1천만 회가 넘는 조회수를 기록한 미국 드라마 〈로스트 인 스페이스〉의 요약본은 요약본임에도 3시간 38분이나 된다.

총 제작비 3000억, 당신의 3시간을 삭제 시켜 드립니다《로스트 인 스페이스 시즌 1-3》결말까지 정주행

같은 요약본 리뷰 영상인데, 하나는 3시간 38분짜리 (로스트 인 스페이스)이고 하나는 57초 짜리(군검사 도베르만)다. 둘 다 조회수 1천만을 넘겼다. 시청자의 공감은 동영상의 길이와 무관함을 보여준다.

절대 불가능하다(시청 형태는 양극화되고 있음을 잊지 말자).

그런데 구글이 발표한 2022년 쇼츠 2위 영상은 CJ ENM의 TV 프로그램을 편집해서 콘텐츠를 제작하는 **디글 :Diggle** 채널의 드라마 〈군검사 도베르만〉이었다. 이는 어떻게 해석해야 하는 걸까? 이 쇼츠의 제목은 '우리 부대에 있으면 안 되는 식판 빌런'으로, 사회성과 감정 조절 장애가 있는 등장인물이 훈련소에서 밥을 먹고 있는 것으로 시작한다. 그는 재벌 2세로 군대 밥이 맛없다며 식판을 던져 버리고 훈련소 교관에게 대들기까지 한다. 결국 교관은 해당 훈련병 빼고 나머지 훈련병들에게 전우는 하나라며 얼차려를 시킨다. 군대는 대한민국 남성에게는 진한 공감을 일으키는 소재다. 이 영상에는 1만 개가 넘는 공감 댓글이 폭발적으로 달렸다. 즉, 리뷰가 아닌 공감 에피소드 콘텐츠였기에 가능했던 것이다.

숏폼 외에도 엔데믹 이후 해외여행이 트렌드가 되면서 자연스럽게 국내 캠핑 카테고리의 조회수가 줄었다. 이에 캠핑 크리에이터들은 해외여행 콘텐츠를 올리기 시작했다. 그런데 캠핑 크리에이터가 해외 관광지를 돌아다니고 특색 있는 현지 숙소를 알려주며 맛집을 소개하는 영상을 구독자들이 좋아할까? 아니다. 해외여행이라는 트렌드에 캠핑을 결합하면 된다. 캠핑 크리에이터에게 구독자가 바라는 것은 '캠핑'이다. 국내 캠핑이 많이 소비되었고, 해외여행에 대한 관심이 높아졌다면 해외 캠핑장을 소개하거나 현지 식재료로 캠핑 음식을 하는 등의 콘텐츠를 올리는 것이다.

특정 트렌드가 주목받는다고 해서 무작정 따라 하면 안 된다. 조회수가 반짝하고 오를 수는 있으나, 이는 일회성일 뿐이다. 오히려 채널에 있던 기존 팬들이 이탈하기 쉽다. 그렇게 기존 팬을 잃었는데, 해당 트렌드도 더 이상 올리지 않으면 트렌드를 찾아 들어왔던 시청자도 이탈한다. 트렌드를 좇다가 그동안 쌓아왔던 공든 탑이 한 번에 무너질 수도 있으니 트렌드가 내 카테고리와 어울리는지 먼저 체크한 뒤, 본인의 카테고리 특성을 살리면서 어떻게 접목할지 고민해야 한다.

타깃 확장을 위한
새로운 이미지 전략

대중적인 카테고리에서 1위하는 채널들을 보면 구독자수 100~120만 명 사이에 머물러 있는 채널들이 있다. 패션, 먹방, 레시피, 게임, 스포츠, 가족 관련 콘텐츠 등으로 채널이 일정 수준에 도달하면 성장이 정체된다. 그래서 크리에이터들 사이에서는 구독자 120만 명을 마의 구간이라고 부른다. 어떤 크리에이터는 채널이 죽어 조회수가 1~2만 회 정도만 나오기도 한다.

마의 구간을 넘어 구독자수 120만 명의 정체기를 극복한 채널들을 살펴보면, 기존 채널 타깃층 외에 새로운 타깃을 확보했다는 공통점이 있다. 만약 한식 집밥 레시피 채널인데 구독자수가 200만 명이 넘었다면, 국내 타깃 외에 한식에 관심 있는 글로벌한 시청자들이 유입되었을 확률이 높다. 중장년층 타깃의 아티스트 채널인데, 120만 명을 넘겼다면

MZ세대가 유입되었을 것이다. 그래서 유튜브 채널 컨설팅을 할 때 '영어 자막'은 초반에는 쓰지 말라고 당부한다. 초반에 자막을 넣으면 시청자층이 넓어져 초반 채널 성장 속도가 빠를 수는 있으나, 초반부터 채널이 글로벌화되면 메인 타깃인 국내 시청자층을 잡지 못할 수도 있다. 그렇게 되면 구독자수나 평균 조회수가 높아도 국내 타깃 광고주의 관심을 받기 어렵다. 단, 처음부터 글로벌 채널을 지향한 경우는 예외다.

그렇다면 자막을 넣지 않는 게 좋은 걸까? 국내 시청자층이 탄탄하다면, 채널 정체기(마의 구간)에 자막을 삽입해주는 게 좋다. 자막 삽입 이전에는 국내 뷰가 90% 이상이었다면, 자막 삽입 후 국내 뷰가 60~70%까지 내려가도 괜찮다. 이런 채널의 경우 글로벌화되면 타깃 확장과 더불어 글로벌 사업도 고민할 필요가 있다. 만약 내 채널이 구독자 200만 명이 넘는 동남아 타깃 채널로 바뀌었다면, 동남아 진출을 노리는 브랜드와 협업하는 것이다.

연령대나 성별 확장도 마찬가지다. 채널이 10대 남성 중심이라면, 30~40대 남성 채널의 콘텐츠를 참고해보자. 10대 여성 중심의 채널을 참고해도 좋다. 연령대를 확장할지, 성별을 확장할지 목표에 맞게 선택하면 된다. 채널 타깃을 확장하지 않으면 정체 시기는 더 빨리 더 오래 지속될 가능성이 크다. 타깃 확장은 크리에이터의 숙명이다.

채널 성장이 정체되었다는 건 그만큼 이미지가 소비되었다는 의미이기도 하다. 즉, 새로운 이미지를 확보해야 할 때라는 신호다. 이 경우 신규 콘텐츠 기획이 가장 좋은 방법이긴 하지만, 쉬운 일은 아니라는 건 다 알 것이다. 그럴 때는 부캐를 만들거나 서브 채널을 파는 것도 전략이다.

임영웅은 '임영광'이라는 대학생 부캐를 내세워 젊은 층을 채널로 유입하는 데 성공했다. 유튜브에서 시작된 부캐 임영광은 오프라인 콘서트 무대로도 확장되었다.

임영웅은 감미롭고 따뜻한 노래를 통해 많은 사람들에게 위로와 힘이 되는 가수라는 본캐를 가지고 있다. 그리고 이와 반대되는 유쾌하고 쾌활한 '임영광'이라는 부캐가 있는데, '영광극장'이라는 콘텐츠에 처음 등장했다. 임영광은 실용음악과 신입생으로 매사 진지한 모습을 보이지만, 어딘가 어수룩하고 엉뚱하며 장난기가 많고, 특유의 허세까지 있어 새로운 매력으로 팬들에게 사랑받고 있다. 또한 본캐 임영웅의 대학 후배로 설정되어 있는데, 임영웅의 콘서트 티켓팅에 실패해 콘서트 현장에서 아르바이트를 하기도 했고, 콘서트 현장에서 임영웅과 듀엣 공연을 펼치기도 했다. 유튜브에서의 성공적인 부캐가 오프라인까지 확장된 사례다. 임영웅 채널은 기존에 중장년층이 먼저 유입되었지만, 대학생이라는 부캐 콘텐츠를 통해 채널에 젊은 층을 유입함으로써 전 연령대에게 사랑받는 채널이 되었다.

서브 채널을 활용하는 방법도 있다. 서브 채널을 기획할 때는 본 채널과 아예 결이 다른 콘텐츠를 제작한다고 생각하는 게 좋다. 예를 들면

ITSub잇섭의 서브 채널 UPSub없섭이다. 본 채널에선 전자기기를 중심으로 제품의 장단점 및 외관, 가격 및 성능 측면 등에 관해서 정확한 정보를 전달한다. 반면 서브 채널에선 전자제품 리뷰가 아닌, 주로 브이로그를 통해 잇섭만의 캐릭터인 '웃긴 동네 형'을 강조하는 형태의 콘텐츠를 제작한다. 결혼 생활, 데이트, 먹방 및 다이어트, 자동차 등의 소재를 비롯해 게임을 하거나 영화를 보는 것 같은 일상 영상이 주로 올라온다. 특히 영상의 스타일도 다른데, 정확한 정보 전달을 목적으로 하는 본 채널은 깔끔한 스타일인 반면, 서브채널은 오히려 정제되지 않은 날것 스타일이다. 잇섭은 서브 채널을 통해 테크 크리에이터라는 이미지 외에 웃긴 동네 형이라는 또 다른 이미지를 획득했다(또, 새로운 이미지를 통해 소화할 수 있는 제품군의 확장도 이뤄냈다).

유튜브에서 새로운 이미지를 획득한다는 건 새로운 타깃의 유입을 의미한다. 독보적인 이미지를 가지고 있다면 가장 좋겠지만, 이미지는 소비되는 순간부터 고갈된다. 배우들이 끊임없이 연기 변신을 시도하는 이유도 이 때문이다. 유튜브 시장도 결국 이미지 전쟁이다. 새로운 이미지를 계속해서 획득해야만 유튜브 채널의 평균 수명인 3~5년을 뛰어넘어 장수하는 크리에이터가 될 수 있다.

팬덤을 만드는 최고의 전략은 '라이브'

유튜브는 다양한 이미지를 획득했다고 해서 끝나는 게 아니다. 유튜브는 관계 비즈니스다. 끊임없이 채널을 관리해줘야 한다. 시청자를 구독자로, 구독자를 팬으로, 팬을 찐팬으로 만들어야만 흔들림 없는 콘크리트층이 생긴다. 부캐도 만들고 서브 채널도 만들었는데 도대체 뭘 더 해야 하냐고 묻겠지만, 팬을 팬덤으로 키우는 것은 기획과는 다른 전략이 필요하다.

BTS의 성공 요인으로 아미A.R.M.Y가 전 세계의 주목을 받았다. K-팝 아이돌 팬덤은 오랫동안 있는 문화였지만, 그동안의 팬은 아이돌을 신성하게만 여겼다. 이에 반해 BTS와 아미는 서로 소통하며 지금의 BTS를 함께 만들어갔다. 아이돌과 팬 사이의 거리는 예전과 달라졌고, 때로는 친구처럼 때로는 같은 곳을 향해 걷는 동료처럼 존재하게 된 것이다.

유튜브는 이러한 흐름에 맞게 쌍방향 소통 플랫폼으로 만들어졌다.

유튜브의 여러 기능 중 진정한 쌍방향 소통을 보여주는 건 라이브다. 실시간으로 팬들과 대화하며 친구와 영상 통화하듯 소통을 할 수 있기 때문이다. 몇 시간 동안 라이브로 구독자와 대화하는 크리에이터도 있다. 자신의 콘텐츠와 관련된 이야기를 하기도 하고 오늘 하루에 대한 일상적인 이야기를 나누기도 한다. 중요한 건 관계가 쌓이는 과정에서 아이디어도 얻고 내 이미지와 맞는 신규 콘텐츠를 발견하기도 한다는 것이다.

채널 팬덤은 '내 실시간 스트리밍을 시청한 시청자 수'에서 확인할 수 있다. 최고 동시 접속자와 평균 동시 접속자가 나오는데, 평균 동시 접속자 데이터는 참고할 만하다. 여러 번 스트리밍했을 때 평균 동시 접속자가 비슷하게 나오면 찐팬이 얼마인지 추측할 수 있기 때문이다. 영상뿐아니라 라이브까지 챙겨본다는 건 팬심이라 할 수 있다.

유튜브 스튜디오에서는 '최근 실시간 스트림의 시청자 참여도'라는

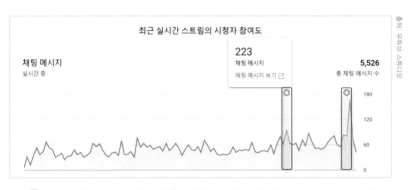

라이브 실시간 채팅 메시지 데이터를 보면 유독 채팅양이 높은 구간(◉)이 있다. 이는 시청자들이 관심을 보인 것으로 이때 나눈 대화를 살펴 콘텐츠 기획에 참고하면 좋다.

라이브 데이터를 제공하는데, 이 데이터에서 채팅 메시지가 급격하게 올라가는 구간이 있다. 이는 시청자들이 내가 한 어떤 행동이나 말에 대해 폭발적인 반응을 보였다는 걸 의미한다. 이 구간이 바로 신규 콘텐츠 기획의 실마리가 되는 것이다.

또한 라이브는 채널의 시청 지속 시간을 급격히 늘려준다. 라이브 시간 동안 시청자들이 채널에 머물기 때문이다. 유튜브의 '최초 공개 기능 Premieres'만 봐도 이를 알 수 있다. 최초 공개 기능이란 영상이 시작되기 전에 시청자에게 알림('최초 공개 30분 전' 등)이 가고, 영상이 시작되는 순간 카운트다운과 함께 시청들이 영상을 보면서 함께 채팅할 수 있는 기능이다. 이때 크리에이터도 채팅을 통해 시청자와 직접 대화할 수 있다. 결정적으로 최초 공개된 영상은 최초 공개 기능 후 영상이 끝날 때까지 2배속으로 보는 게 불가능해 시청 완료율이 늘어날 수밖에 없는 구조다. 유튜브의 평균 시청 지속 시간은 절댓값임을 기억해라. 2배속으로 6분을 봤다면 평균 시청 지속 시간은 3분으로 카운팅된다.

뜬뜬 DdeunDdeun 채널은 최초 공개 기능을 사용해 업로드하는데, 이런 방식으로 영상을 공개할 때마다 시청자를 성공적으로 모았다. 30~50분 정도 되는 영상이기에 평균 시청 지속 시간의 절대량도 많고, 시청 완료율도 높다. 이로써 자연스럽게 인기 급상승 카테고리에 쉽게 올라갈 수 있었고, 100만 명의 구독자를 빠르게 달성했다. 구글 입장에서도 광고주라면 누구나 다 입찰하고 싶은 채널일 테니 수익성이 높아 알고리즘적으로 더 많은 시청자와 연결해주었을 것이다.

TV 방송 프로그램도 이를 알고 방영이 종료된 프로그램을 1화부터 시즌이 끝날 때까지 유튜브 라이브로 틀어놓기도 한다. tvN 예능 프로그램 〈대탈출〉, 〈현지에서 먹힐까?〉, 〈유 퀴즈 온 더 블럭〉 등은 아예 시즌별로 스트리밍하거나 레전드 편을 스트리밍해놓는다. 그러면 해당 프로그램을 보는 시청자들끼리 채팅이 가능하다.

라이브는 취향을 넘어 크리에이터를 같은 한 인간으로 보고 그 사람 자체에 대한 팬심을 만들어준다. 때문에 자주 할 경우 팬심이 생기고 이는 크리에이터의 수익성을 강화해준다. 수익 모델로는 아프리카TV의 별풍선과 유사한 슈퍼챗^{super chat}이 있고, 브랜드에게 협찬을 받아 라이브를 진행하는 라이브 광고 상품이 있다. 라이브 중에 직접 제품을 사용하면서 이야기하고, 라이브가 끝난 뒤 하이라이트 형태로 편집하여 재업로드하는 광고 상품이다. 라이브는 광고 말고도 하이라이트 부분을 편집해 올리면 조회수 수익도 올라간다. 2022년 12월 한국 유튜브에는 '쇼핑 기능'도 생겼는데, 영상 밑에 쇼핑 기능이 연동되어 제품이 바로 보이고, 이를 클릭하면 구매 링크로 연결되어 쉽게 구매가 가능하다. 이를 활용해 채널에서 라이브 커머스도 진행할 수 있다.

그러므로 콘텐츠 측면에서도, 채널의 알고리즘 및 수익성 측면에서도 라이브를 안 할 이유가 없다. 어떤 이들은 2022년 포켓몬빵이 유행한 원인을 뉴트로 혹은 귀여운 스티커에서 찾지만, 사실 결정적인 이유는 래퍼 **이영지**다. 이영지는 꾸준한 인스타그램 라방(라이브 방송, 유튜브 라이브와 같은 실시간 소통 콘텐츠)을 통해 강력한 팬덤을 보유하고 있다. 이영지가 3년 동안 올린 유튜브 영상은 29개인데, 평균 조회수가 100~500만 회일 만큼 팬심이 강한 채널이다. 그런 그녀가 지속적으로 포켓몬빵을 언급했고, 당시 각종 인터넷 쇼핑몰에서 포켓몬빵이 검색어 1위에 올랐다. 그 후 6개월 뒤인 2022년 2월 삼립은 포켓몬빵을 재출시켰고, 본격적인 열풍이 일어난 것이다. 이것이 라이브로 팬들과 관계를 쌓았을 때 생기는 파급력이다.

그렇다면 라이브는 어떻게 시작해야 할까? 라이브의 목적은 '소통'이고, 매력은 '날것'이다. 퀄리티는 라이브를 시청하기에 불편하지 않을 정도면 된다. 라이브를 언제 하는지 미리 공지만 하자(이벤트성으로 진행하는 깜짝 라이브는 예외다). 그리고 하이라이트 부분만 편집해 유튜브 채널에 다시 업로드할 수 있도록 라이브는 무조건 비공개 처리를 하길 바란다. 정기적인 하이라이트 영상은 채널을 활성화해주고, 조회수 수익까지 얻게 해주기 때문이다.

팬들과의 관계가 쌓일수록 크리에이터는 콘텐츠 소재에 구애받지 않게 될 것이다. 영원한 내 편을 얻는 것이다. **침착맨**이 특정 카테고리에 얽매이지 않고, 아이돌, 성우, 평론가, 운동선수, 래퍼, 마술사 등 다채로운 직업의 게스트를 초대해 먹방, 쿡방, 게임, 역사 등 다양한 주제의 영상을 만들 수 있는 배경을 한번 생각해보라. 꾸준한 라이브로 팬들과의 관계가 그만큼 돈독하고 강력한 팬덤을 쌓았기 때문이다.

크리에이터의 핵심은 콘텐츠를 잘 만드는 것이다. 하지만 그 성패를 결정하는 것은 시청자다. 그러니 더더욱 팬들과 깊은 관계를 쌓아야 하며, 이것이 '관계 비즈니스'의 진정한 의미다.

"우리 같이 찍을래요?"
: 윈윈 컬래버레이션을 위하여

"혹시 ○○님과 컬래버레이션할 수 있을까요? 콘텐츠 하나 같이 찍으면 좋을 것 같은데…"

MCN에서 일할 때 가장 많이 받은 질문 중 하나였다. 그러면 나는 "협업 시 ○○님께 어떤 것을 드릴 수 있나요?"라고 되묻는다. 컬래버레이션을 원하는 대다수는 자신보다 구독자수가 많은 크리에이터와 하길 바란다. 유명 크리에이터가 자신의 채널에 나오면 인지도가 덩달아 올라가지 않을까라는 기대심리 때문이다.

그렇다 보니 크리에이터 오프라인 네트워크 행사에서 인기 크리에이터에게 잠깐 같이 찍어줄 수 있냐고 물어보는 장면을 섬네일로 쓰는 경우도 있다. 요즘 시청자는 이런 낚시성 섬네일에 속지 않는다. 설령 섬네일을 보고 클릭해서 조회수가 카운팅되더라도 딱 그 장면만 보고 나갈 확률이 더 높아 평균 시청 지속 시간을 짧게 만들 뿐이다.

다른 크리에이터와 컬래버레이션할 때는 어떤 콘텐츠 소재를 제안하느냐에 따라 성공 여부가 갈린다. 구독자가 많은 크리에이터는 대부분 채널 운영을 오래 해왔기 때문에 콘텐츠 소재가 고갈되었을 확률이 높다. 컬래버레이션을 꼭 하고 싶은 크리에이터가 있다면 내 채널뿐 아니라 서로가 윈윈할 수 있는 콘텐츠 소재를 찾아 제안해야 한다.

최근 유튜브 시장의 파급력이 커지면서 연예인과 크리에이터의 컬래버레이션이 많이 이뤄지고 있다. 예전에는 가수가 앨범을 내거나 배우가 영화나 드라마를 홍보할 때면 TV에 열심히 출연했지만, 요즘은 TV보다 유튜브 채널에서 더 활발히 활동한다. 연예인이 일반 크리에이터 채널도 중요한 홍보 수단으로 여기게 된 것이다.

여기서는 서로의 카테고리를 살리면서 함께 윈윈했던 사례 두 가지를 소개하고자 한다. 첫 번째는 **수상한녀석들**과 **긱블 Geekble**이다. 긱블은 공대생들이 모여 쓸모없는 물건을 개발하는 채널로, '돌만 넣으면 자동으로 물수제비 튕겨주는 기계'처럼 이걸 왜 만들었지 싶지만, 기발하고 재미를 주는 과학/공학 콘텐츠를 제작한다. 일반인을 대상으로 몰래카메라 콘텐츠를 제작하는 수상한녀석들은 긱블이 만든 제품을 자신들의 몰래카메라에 사용하는 컬래버레이션 콘텐츠를 진행했다.

긱블은 공학적인 장치를 통해 스위치를 켜면 페인트통이 안 들리고, 끄면 들리는 제품을 발명했는데, 수상한녀석들이 이 발명품을 가지고 몰래카메라를 제작한 것이다. 콘텐츠 구성은 이렇다. 미리 섭외된 여성 배

긱블 Geekble과 수상한녀석들의 컬래버레이션 콘텐츠인 이상한 페인트 동영상의 조회수는 두 채널에서 모두 높게 나와 도합 550만 회에 육박했다.

우가 길거리에서 지나가는 일반 시민들에게 통을 들어달라고 도움을 요청한다. 일반 시민이 통을 들려고 하면, 통이 안 들리도록 스위치를 켠다. 일반 시민이 아무리 노력해도 통은 들리지 않는 상황에 수상한녀석들이 등장해 가볍게 통을 들고 간다. 이때 보이는 시민들의 각양각색 반응에 구독자들은 반응했고, 해당 콘텐츠는 수상한녀석들 채널에서는 385만, 긱블에서는 162만 조회수를 기록했다.

또 다른 예로는 **이연복의 복주머니**와 **히밥heebab**의 만남이 있다. 빠른 조리 시간이 특징인 중식의 요리사와 많이 먹는 먹방 크리에이터가 만났을 때 '누가 이길 것인가'라는 대결 콘셉트의 콘텐츠였다. 이연복 셰프는 총 13개의 중식 요리를 빠르게 만들었고, 히밥 역시 13개의 요리를 전부 먹었다. 구독자들은 이들의 숨 막히는 대결을 흥미진진하게 시청했다. 각자의 카테고리를 살려 협업한 결과, 히밥의 채널에서는 358만, 이연복 채널에서는 259만 조회수가 나왔다.

빨리 요리하기와 빨리 먹기의 흥미로운 대결을 펼친 두 사람의 컬래버레이션 영상은 각 채널의 특성을 잘 살린 윈윈의 성공 사례로 꼽힌다.

브랜드와의 협업에서도 윈윈이 중요하다. 여기서 말하는 협업은 광고가 아니라 브랜드들이 크리에이터에게 대가 없이 무료로 제품을 제공해주는 경우를 말한다. 혹 제품을 제공해주고 싶은 크리에이터가 있다면 콘텐츠 소재 관점에서 생각해보자. 크리에이터가 원하는 게 무엇인지 파악할 수 있을 것이다. 예를 들어 캠핑 카테고리 크리에이터가 "캠핑카 콘텐츠를 하고 싶은데 영상 하나 찍겠다고 억대의 캠핑카를 살 수는 없었습니다"라는 식으로 영상에서 말했다면, 캠핑카 업체가 무료로 캠핑카를 대여해주는 것이다. 크리에이터 입장에서는 꼭 하고 싶었던 콘텐츠이기 때문에 자연스럽게 영상에 해당 제품을 녹여낼 것이고, 캠핑카 업체는 광고인 듯 광고 아닌 제품 홍보 효과를 얻게 된다.

컬래버레이션은 구독자수를 떠나서 서로의 채널에 윈윈인가 아닌가가 중요하다. 만약 협업하고 싶은 크리에이터가 있다면, 그가 혹할 만한 콘텐츠 소재를 고민해보길 바란다. 물론 내 채널의 정체성을 해치지 않으면서도 이득이 되는 방향으로 말이다.

업로드 직후의 시청자 반응이
가장 중요하다

유튜브 채널을 운영한다면 유튜브 스튜디오는 필수적으로 봐야 한다. 많은 크리에이터들이 데이터도 많고, 복잡한 그래프에 겁을 먹지만(조사 결과, 응답한 크리에이터 중 56%가 조회수나 기본적인 지표만 본다고 했다), 유튜브 스튜디오에서 제공하는 지표 중 몇 개만 간단히 이용해도 내가 제작한 콘텐츠에 대한 감을 잡을 수 있다.

유튜브에서 가장 중요한 순간은 영상을 업로드한 직후다. 업로드한 직후, 얼마나 많은 사람들이 영상을 길게 시청했는가에 따라 유튜브 알고리즘이 해당 영상을 얼마나 퍼뜨려줄지를 결정한다. 높은 조회수를 기록하고 구독자를 모으려면 기존 시청자가 아닌 사람들에게 영상이 노출되어야 하므로 이는 중요한 문제다. 조회수는 영상을 업로드한 직후에 가장 높게 나오고, 외부 요인으로 알고리즘의 축복을 받지 않는 한 노출수, 조

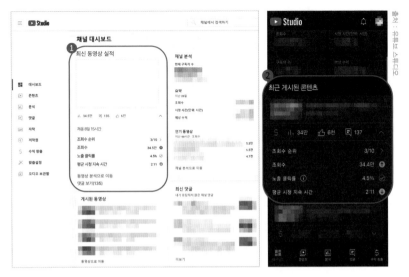

영상 업로드 후, 30분~1시간 정도가 지나면 업로드한 동영상의 실적을 확인하는 습관을 들이자. 유튜브 스튜디오에서 PC 버전(①)과 모바일 버전(②)으로 확인 가능하다.

회수, 시청 시간, 구독자수, 예상 수익 등 모든 지표는 시간이 지날수록 수치가 떨어진다.

따라서 유튜브 콘텐츠를 업로드한 다음 유튜브 스튜디오의 '대시보드' 탭에 있는 '최신 동영상 실적'은 꼭 확인하자. 업로드 직후 시청자 반응을 자동으로 분석해 조회수 순위를 보여주고, 평균 시청 지속 시간도 나와 시청자가 얼마나 길게 봤는지 알 수 있으며, 노출 클릭률은 말 그대로 섬네일 클릭을 의미하므로 섬네일의 성공 여부까지 확인할 수 있다.

업로드 직후 PC를 통해 유튜브 스튜디오에 접속한 뒤 해당 영상의 분석 탭을 클릭하면, 오른쪽 상단에 '실시간 조회수'가 기록되고 있는 것을 알 수 있다. 여기서 '더보기'를 누르면 두 개의 그래프가 나온다. 지난 60분 기준 1분당 조회수와, 지난 48시간 기준 1시간당 조회수다. 이 두 개의 지표를 통해 해당 영상이 대략 어느 정도의 조회수를 기록할 수 있을지를 예측하는 것이 가능하다. 예를 들어 A라는 영상을 업로드한 직후, 1분당 조회수는 300회가 나왔고 48시간이 지난 뒤에는 조회수 10만 회가 나왔다. B 영상은 업로드 직후, 1분당 조회수가 500회, 48시간이 지나고 난 다음에는 15만 회가 나왔다. C, D, E 영상 모두 이런 식으로 정리해보자. 이를 잘 정리해두면 영상 유형별로 대략적인 조회수를 예상할 수 있어 영상 제작 시 참고 자료가 된다.

그런데 B와 유사한 영상을 만들었는데, 업로드 직후 1분당 조회수가 200회밖에 안 나왔다면 어떻게 해야 할까? 이럴 때는 섬네일을 교체하자. 섬네일이 시청자의 클릭률에 미치는 영향은 크다. 노출 클릭률을 통해 섬네일 성공 여부도 어느 정도 판단할 수 있다. 노출 클릭률에는 외부 시청자 유입이 포함되므로 100% 섬네일만을 의미하지는 않지만, 섬네일이 제대로 이목을 끌었다면 노출되었을 때 클릭수가 올라간다. 즉, 새로 영상을 업로드했을 때 매번 '최신 동영상 실적'을 보다 보면, 해당 영상이 어떤 평가를 받았는지 알 수 있다. 이러한 데이터가 쌓이다 보면 콘텐츠의 내용적인 부분과 섬네일에 대한 감이 잡힌다. 모바일 앱으로도 가능하니 꼭 확인하길 바란다.

'분석' 탭의 '시청자층'에서는 '내 시청자가 유튜브를 이용하는 시간대'를 확인할 수 있다. 진한 색일수록 내 채널을 많이 보는 시간대인데, 일반적으로는 저녁 8시가 가장 활발하다. 유튜브는 시청자의 라이프 스

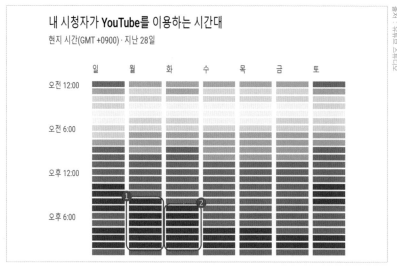

색이 진할수록 시청자가 내 영상을 많이 보는 시간대이니 진한 색이 시작되는 시점에 영상을 업로드하거나, 그 시간에 맞춰 예약을 걸어놓으면 된다. 진한 색 구간이 끊어지지 않고 쭉 이어질수록(①, ②) 영상을 업로드하기 좋은 시간이다.

타일에 영향을 많이 받으므로 언제 영상을 업로드하냐에 따라 반응이 달라진다. 방학 시즌에는 초중고 학생을 타깃으로 한 크리에이터의 데이터가 증가하고, 출근 시간대보다는 퇴근 시간대가, 평일보다는 주말에 올린 영상이 반응이 더 좋은 편이다.

그렇다면 업로드 직후가 아닌, 주기적으로 유튜브 스튜디오를 통해 영상들의 성과를 판단해보려면 어떻게 해야 할까? 유튜브 분석에서는 시청 완료율(=평균 조회율)이 중심이 되어야 한다. 때문에 조회수만 높은 영상은 좋은 영상으로 판단하지 않는다. 조회수도 높고, 시청 완료율도 높아야 알고리즘적으로 좋은 영상으로 분류되어 노출이 더 많이 된다.

> PC로 유튜브 스튜디오의 '분석' 탭에서 '더보기'를 클릭할 경우 조회수를 내림
> 차순으로 만들어놓고 나머지 지표를 분석하는 것이 좋다.

시청 완료율은 모바일 앱보다 PC로 보는 게 좋다. '분석' 탭의 '개요'
에 보이는 '더보기'를 클릭하면 그래프가 보인다. 여기서 주의할 점은 영
상의 순서가 뒤죽박죽되지 않게 조회수를 클릭해서 내림차순으로 만들
어줘야 한다. 그런 다음 평균 조회율이 높은 영상을 확인하면 시청자가
보는 내 채널에 대한 이미지를 유추할 수 있다. 콘텐츠 분석은 신규 콘텐
츠를 기획할 때도 좋은 참고 자료가 된다.

또한 오른쪽 상단에서 기간 설정을 자유롭게 할 수 있는데, 여기서
보이는 데이터 값들은 설정한 기간에 발생한 값을 의미한다. '지난 28일'
로 기간을 설정했다면 최근 4주 이내 영상들의 지표를 볼 수 있는 것이
다. 그래서 오래전에 올린 영상이지만 알고리즘의 축복을 받아 여전히
높은 조회수가 발생하는 영상이 무엇인지 파악할 수도 있다. 여기서 언
급한 부분만 확인해도 콘텐츠에 대한 감이 잡힌다.

MCN과 파트너십이
고민된다면

크리에이터는 대부분 1인 미디어로 시작하지만, 장기간 홀로 운영하기는 어렵다. 그래서 많은 크리에이터가 MCN을 고민하는데, 이때 두 가지는 꼭 고려하길 바란다. 하나는 '내 돈을 주고 구할 수 없는 서비스를 제공하는가' 그리고 나머지 하나는 '이를 어떻게 제공해주는가'다. 만약 크리에이터에게 음원과 폰트 제공을 서비스로 제안한다면 어떨까? 음원과 폰트는 굳이 MCN을 통하지 않아도 크리에이터가 직접 유료 사이트를 통해 구매할 수 있다. 이럴 경우 파트너십을 맺을 필요가 없다. 그렇다면 MCN이 제공해줄 수 있는 서비스에는 무엇이 있을까?

첫째, 채널을 관리하는 채널 매니지먼트다. 여기서 헷갈리면 안 되는 건 연예인과 크리에이터는 계약 구조가 다르다는 점이다. 연예인은 사람과 소속사 간의 계약으로 연예인의 광고, 영화, 공연, 인쇄물, 저작권 및 초상권으로 인한 사업 등이 기본적인 계약 조건이다. 그만큼 소속사 측에서 연예인을 위해 교육이나 교섭, 홍보, 일정 관리, 콘텐츠 기획 제작 및 유통 판매 등 전체적인 투자를 지원한다. 하지만 MCN과 크리에이터 간의 계약은 사람과의 계약이 아니다. 크리에이터가 운영하는 '채널'과의 계약이다. 그래서 크리에이터 개인이 유튜브 채널 외 다른 사업을 해도 MCN에서는 해당 사업에 대해 권한이 없고, 채널의 소유권 또한 건드리지 않는다. MCN이 채널의 소유권을 갖는 경우는 처음부터 채널을 함께 제작해 공동 소유한 경우뿐이다.

MCN의 채널 매니지먼트는 채널이 잘 성장하고 있는지 점검하고, 정체되었다면 그 이유가 무엇인지 분석하며, 이를 해결하기 위해 채널 방향성을 제시해주는 등의 서비스를 말한다. 유튜브 스튜디오에서 제공하는 데이터를 주기적으로 체크해 3개월 혹은 6개월 단위로 어떤 변화를 보이는지 분석해주고, 콘텐츠별 성과를 체크하며, 현재 유튜브 내의 유행이나 트렌드를 바탕으로 신규 콘텐츠 기획에도 도움을 줘야 한다.

이외에도 유튜브 채널이 해킹당하거나 소유권 분쟁, 저작권 경고, 혹은 노란 달러를 받는 등 피치 못할 상황에 대해서도 대응 방법을 알려주고, 유튜브 업데이트 상황도 항상 체크해줘야 한다. 예를 들면 쇼츠가 도입되었을 때 유튜브에 쇼츠 기능이 업데이트되었다고 기능만 요약해서 알람해주는 것이 아니라 무엇이 숏폼을 촉발한 건지, 한국보다 먼저 도입된 인도와 미국에서는 쇼츠를 어떻게 받아들이고 있는지, 다양한 숏폼 플랫폼이 있는데 유튜브와 무엇이 다른지, 사람들의 시청 형태가 어떻게 짧아지고 있는지, 숏폼에 강한 카테고리는 무엇인지, 연령대별로 쇼츠를 받아들이는 차이가 있는지, 숏폼을 제작할 때 주의사항은 무엇인지 등을 설명해주는 것이다.

둘째, 수익 다각화다. 크리에이터의 수익은 브랜드의 광고 협찬만 있는 게 아니다. 크리에이터 채널을 기점으로 수익을 낼 방법은 점점 더 다양해지고 있다. 크리에이터가 말을 잘한다면 브랜드의 오프라인 행사나 라이브 커머스 등을 기획해볼 수 있고, 제품 리뷰 카테고리에서 신뢰도가 있다면 직접 커머스를 해봐도 좋다. 선한 영향력 행사에 의의를 둔 크리에이터라면 생리대 기부 활동과 같은 공공 캠페인이나 '크리에이터'라는 직업으로 진로 멘토링을 하면 좋다. 책을 출판할 수도 있고, 강연할 수도 있다. 크리에이터 채널의 일반적인 수명은 3~5년 정도라 크리에이터가 다양하고 안정적인 방식으로 수익을 창출할 수 있도록 크리에이터 비즈니스를 지원해줘야 한다.

셋째, 크리에이터의 네트워크 확대다. 크리에이터를 시작한 지 얼마 되지 않았다면 아는 크리에이터가 많지 않을 것이다. 이는 유튜브 채널 운영, 콘텐츠 기획, 비즈니스에 대한 정보뿐 아니라 나의 상황을 공감하고 이해해줄 수 있는 사람이 주변에 없다는 의미다. 크리에이터는 새로운 직업군이면서 특수한 형태라 경험해보지 않으면 잘 모를 수밖에 없다. 대부분 1인 미디어로 온라인에서 주로 활동하니 일반 직장인들처럼 같은 사무실을 쓴다거나 동료 커뮤니티가 존재하지 않는다.

크리에이터가 MCN을 찾는 이유에는 이러한 부분이 크게 작용한다. 실제로 MCN은 워크숍, 신년회, 소풍, 운동회 등의 오프라인 행사를 개최한다. 다만 MCN에 따라 제공하는 서비스가 다를 수 있으니 다른 크리에이터들과 연결 고리를 만들어줄 수 있는지, 어떤 방식으로 진행되는지 등을 확인할 필요가 있다.

넷째, 크리에이터의 멘탈 케어다. 대부분의 크리에이터는 '내 방'이라는 작은 공간에서 시작한다. 방구석에서 혼자 촬영하고, 편집하며 대부분의 시간을 홀로 보내다 보니 자기 자신에게 매몰되어 정신적인 힘듦을 호소하는 경우가 많다. MCN은 이런 부분까지 살뜰히 챙겨야 한다. 내 이야기를 들어주고, 겪고 있는 상황에서 어떻게 하면 좋을지, 함께 머리를 맞대고 고민해주는 친구이자 올바른 방향을 제시해주는 어른의 역할을 해줄 수 있는 곳이 좋은 MCN이라 할 수 있다.

크리에이터는 위 4가지를 기준으로 혼자 할 수 없는 부분이면서 가장 필요한 부분의 서비스를 제공해주는 MCN과 파트너십을 맺어야 한다. 그리고 이를 어떻게 제공해주는지 계약서에 반드시 기재하길 바란다. 계약할 때는 여러 서비스를 제공해주겠다며 최선을 다할 것처럼 해도 막상 원하는 서비스를 못 받아 피해를 호소하는 크리에이터들이 종종 있기 때문이다.

원하는 서비스를 계약서에 기재할 때는 이를 수치화하는 게 좋다. 예를 들면 '6개월에 1회 채널 컨설팅 서비스를 진행한다' 혹은 '분기당 1회 광고 세일즈를 제공하거나 브랜드 컬래버레이션 외 상품을 만들어준다', '운동회와 같은 오프라인 행사가 어려울 경우 다른 크리에이터와 만날 수 있는 식사 자리를 최소 분기당 1회 만들어준다' 등 기간과 횟수를 명확히 설정해줘야 한다. 만약 이를 제공하지 않을 경우 계약 기간과 상관없이 해지할 수 있다는 등 계약을 어길 시 그 해결책까지 포함하면 더 좋다.

MCN 담당자와 크리에이터의 일대일 밀착 케어는 산업 구조상 거의 불가능에 가깝다. 크리에이터 업계 역시 연예계와 마찬가지로 양극화가 심하다. 국세청이 2021년 공개한 자료에 따르면, 상위 1%는 1년에 평균 7억 원 정도를 벌어들이고, 하위 50%는 연평균 수입이 40만 원도 채 되지 않는다고 한다. MCN 직원의 수가 파트너십을 맺은 크리에이터의 수보다 적기에, 수익이 높은 크리에이터 위주로 담당자가 배정될 수밖에 없다. 처음 계약할 때 가능한 한 나를 위한 대비책을 마련해둘 필요가 있다.

요즘은 없어지는 추세인데, 유튜브 조회수 수익의 일정 부분을 MCN이 파트너십 수수료로 가져가는 경우도 있다. 이는 MCN 담당자가 채널의 성장에 기여하면 채널이 벌어들이는 수익이 증가하므로 늘어난 크리에이터 수익의 일부를 보상받는 것이다. 월마다 크리에이터 조회수 수익을 분배하는 구조는 MCN 입장에서는 안정적인 매출이지만, 수수료를 받고도 제대로 일하지 않는 담당자들 때문에 많은 크리에이터가 MCN을 신뢰하지 않게 되었고, 지금의 MCN 산업의 쇠퇴 원인이 되었다.

그러므로 MCN에서 제공하는 서비스에 의존하지만 말고 내 것으로 만드는 게 중요하다. 어떻게 트렌드를 캐치하고, 유튜브 스튜디오에서 제공하는 자료를 분석하며, 정체된 채널은 어떻게 극복하는지, 전문 영역인 비즈니스는 어떻게 전개하는지를 배우는 것이다. 또한 다른 크리에이터뿐 아니라 업계 사람들과도 인맥을 쌓아 두면 이후 파트너십 계약이 끝나도 크리에이터 비즈니스를 하는 데 도움을 받을 수 있다.

4

크리에이터
비즈니스

크리에이터가 팔 수 있는
5가지 상품 유형

크리에이터가 자신의 채널로 비즈니스를 시작할 때 어려워하는 것 중 하나가 광고 상품의 개념이다. 일단 크리에이터의 상품이란 것은 눈에 보이는 것이 아니며, 대부분의 크리에이터는 콘텐츠에 능하지 비즈니스 경험은 거의 없기 때문이다. 이럴 때는 내가 편의점을 운영한다고 생각해 보자. 크리에이터는 다양한 상품을 파는 중이고 광고주와 대행사는 필요한 상품을 구매하는 손님이다.

크리에이터 상품의 특징은 광고주에게 USP를 받아 상품에 녹여내야 한다는 것이다. USP란 Unique Selling Point의 약자로 브랜드가 마케팅하고자 하는 제품이나 서비스의 차별화된 포인트를 뜻한다. 쉽게 말해 브랜드가 소비자에게 강조하고 싶은 포인트다. 이는 브랜드 자체가 될 수도 있고, 제품이나 서비스가 될 수도 있다. USP에 대한 개념이 잡혔다면, 크리에이터가 팔 수 있는 상품의 종류는 어떤 것들이 있는지 알아보자. 참고로 크리에이터 상품의 단가는 크리에이터마다 다 달라서 표준화가 불가능하기에, 각 상품별 단가는 통상적인 기준으로 설명했다.

1. 크리에이터의 채널 기반 상품

PPL

PPL은 Product PLacement의 약자로 상품을 배치한다는 의미의 광고 상품이다. 영상 내 적절한 구간에 배치해서 짧은 시간 안에 압축적으로 브랜드 고유의 강점을 보여주는 것이다. 감이 안 잡힌다면 '스마트락 강도 테스트' 영상을 보면 된다. 영상 길이는 1분 29초로 한 남성이 스마트락이 설치된 창문을 온 힘을 다해 열려고 하는데, 열리지 않는다. 그리고 이렇게 말한다. "자, 지금부터 창살 없는 방범창, '스마트락'의 강도 측정

출처: Ha Kim 유튜브 채널

10년 전에 올린 이 짧은 영상은 1분 30초 동안 제품이 얼마나 강한지를 온 힘을 다해 보여주며 현재까지도 유튜브 레전드 영상으로 꼽힌다.

이 있겠습니다. 이 유리는 국내에서 제일 얇은 2mm로 어떠한 충격에도 깨지지 않습니다." 이처럼 아예 대놓고 광고하는 거라고 보면 된다.

PPL 상품 판매 시 주의사항은 PPL 단가는 보통 브랜드 컬래버레이션 상품 단가의 50%다. 그래서 USP 노출 구간을 영상의 최소 50%로 잡는 경우가 있는데, 이러면 너무 길다. 만약 영상 길이가 8분이라면 4분짜리 PPL 영상을 만들어야 하는데, 4분짜리 광고 영상을 제작하는 것은 현실적으로 매우 어려운 일이며, 결정적으로 광고를 길게 노출할 경우 시청자가 채널을 이탈한다. PPL 노출 시간은 30초~1분 30초가 좋다.

브랜드 컬래버레이션

브랜드 컬래버레이션^{Brand Collaboration}은 말 그대로 협업을 뜻한다. 협업인 만큼 양측의 강점이 최대한 발휘되어야 한다. 단순한 광고 영상이 아니라 크리에이터에게는 이 협업이 콘텐츠로서 가치 있고, 광고주는 해당 크리에이터와 협업 시 광고 효과를 높일 수 있는 상품이어야 한다(일부는 '브랜디드 콘텐츠'라고 표현하기도 한다).

협업은 PPL과 달리 대놓고 언급하기보다 USP를 자연스럽게 녹여내는 게 중요하다. 광고하는 제품을 이용할 수밖에 없는 상황을 영상 처음부터 연출해나가는 것이다. 쉽게 말해 떡밥을 던지고 회수하는 식이다. 예를 들어 손상모 케어 제품이라면, 크리에이터가 요즘 들어 머리카락이 푸석해진 모습을 앞부분에 보여주며 시작한다. 매운 음식 광고라면 갑자기 스트레스를 받는 일이 있어서 매운 음식이 먹고 싶다고 표현할 수도 있다. 크리에이터의 이미지를 해치지 않는 선에서 자연스러운 상황을 만드는 게 포인트다.

이렇게 말하면 브랜드 컬래버레이션 광고를 쉽게 생각할 수 있는데, 사실 가장 어려운 유형의 광고다. 브랜드의 USP는 브랜드가 그 제품을 위해 연구한 모든 것이 담긴 차별화 포인트이기 때문이다. 제품이나 서비스를 낸 배경, 네이밍 이유, 장점, 고객 페르소나, 출시일, 캠페인 목적 등 많은 정보가 담겨있다. 그래서 광고주가 의뢰할 때 장황하게 설명하는 경향이 있는데, USP의 요점을 파악하기 어렵다면 광고주에게 '내 채널에서 어떤 영상을 보고 광고를 결정했는지' 물어보라. 2~3개 정도 답변을 받으면 거기서부터 시작하면 된다.

크리에이터에게 광고를 맡기는 광고주나 대행사는 브랜드의 제품을 해당 영상처럼 녹여주되 USP 위주로 참고 사항을 이야기해주면 좋다. 이렇게 해야 커뮤니케이션 오류도 줄고 제작이 수월해진다.

2. 크리에이터 채널을 활용하지 않는 상품

출연권

크리에이터 자체가 높은 영향력을 가지고 있다면, 자신의 채널 외에서도 영향력을 행사할 수 있다. 브랜드 채널 콘텐츠에 크리에이터가 직접 출연하는 출연권이 대표적이다. 이 경우 크리에이터는 브랜드 채널 제작진이 준비해놓은 것을 따라가기만 하면 된다.

단, 출연권을 통해 진행한 브랜드 영상은 내 채널에는 올리지 않는 게 원칙이다. PPL과 브랜드 컬래버레이션 상품 단가에는 크리에이터 채널 사용료가 포함되어 있지만 출연권에는 크리에이터의 채널 사용료가 포함되어 있지 않기 때문이다. 출연권은 말 그대로 크리에이터가 브랜드 채널에 출연만 하는 것을 의미한다. 즉, 크리에이터가 일구어놓은 채널의 도움을 받는 이용료가 포함되지 않은 단가이며, 통상 브랜드 컬래버레이션 단가의 10~30% 정도를 받는다.

더구나 출연권 영상은 크리에이터의 기존 영상과 색깔이 달라서 시청 완료율은 커녕 조회수도 안 나올 수 있다. 만약 크리에이터 채널을 사용하고 싶다는 제안이 들어오면 브랜드 컬래버레이션이나 PPL 등 채널 기반 상품으로 역제안하는 것을 고려해보기 바란다.

또한, 어디서, 몇 시간 동안 촬영하는지 체크할 필요가 있다. 예를 들어 크리에이터는 서울에 사는데, 촬영 장소가 부산이라면 어떨까? 이동 시간만 4~5시간이다. 이럴 경우 추가로 거마비(숙박비, 교통비 등)를 요청하거나 숙소를 잡아달라고 하는 것이 일반적이다.

촬영 시간은 기본 하루(1day)에 8시간이지만, 8시간이 넘어가는 경우도 있다. 날이 추가되면 제작비가 올라가기 때문에 하루에 12시간을 촬영 시간으로 잡기도 한다. 이럴 경우를 대비해 사전에 협의가 필요하다. 이틀로 나눠서 찍거나 초과 촬영한 4시간에 대한 합당한 추가금을 받아야 한다. 촬영에 들어가면 시간이 늘어나는 경우가 다반사여서 사전에 시간에 대한 협의를 반드시 하길 바란다.

오프라인 행사

최근 브랜드의 오프라인 행사는 팝업 스토어부터 신제품 론칭 쇼, 강연, 사회 공헌 활동 등 다양하고 활발해지는 추세다. 이런 오프라인 행사에 참여하고 싶은 크리에이터라면 인스타그램 계정을 함께 운영해야 한다. 크리에이터를 오프라인에 초청하는 목적은 행사를 이슈화시키기 위함이고, 오프라인 상품 대부분은 인스타그램 포스팅 상품과 같이 문의가 들어오기 때문이다. 오프라인 행사의 단가는 브랜드 컬래버레이션 단가의 10~30% 정도다.

3. 유튜브 외 다른 플랫폼 기반 상품

인스타그램

크리에이터는 다양한 플랫폼에서 채널을 운영하는 게 좋다. 그만큼 판매할 수 있는 상품이 다양해지기 때문이다. 고객의 기호가 다른 것처럼 광고주나 대행사도 선호하는 플랫폼이 있을 수 있으니 가능한 주요 플랫폼은 다 운영해야 한다.

　유튜브와 함께 가장 문의가 많이 들어오는 인스타그램 상품은 '이미지 포스팅'과 '릴스Reels'다. 이미지 포스팅은 크리에이터가 브랜드 제품이나 서비스를 사용한 채로 혹은 사용한 후기를 3~5장 정도 사진을 찍어 올리는 것을 말한다. 틱톡과 유사한 릴스는 1분 이내의 영상을 제작하며, USP는 보통 10~15초 정도 끼워넣는다. USP 노출 구간이 길어지면 유튜브처럼 시청자가 이탈할 수 있다. 이미지 포스팅과 릴스 모두 해시태그 개수는 3~5개 정도가 적당하며, #광고#ad 라는 해시태그는 꼭 넣어줘야 한다.

인스타그램 상품은 유튜브와 비교했을 때 제작이 아주 쉽다는 장점이 있다. 이미지 포스팅은 사진만 찍으면 되니 몇 시간 혹은 몇 분 만에도 가능하다. 그만큼 단가가 낮긴 하나 소소한 수입으로는 인스타그램 상품만 한 것이 없다.

틱톡

크리에이터가 춤추는 것을 좋아하거나 표정과 행동을 풍부하게 표현할 줄 안다면, 틱톡 상품 판매를 적극 추천한다. 틱톡의 메인 특성은 놀이 play 이기 때문에 챌린지 형태의 마케팅을 할 때 가장 좋다. 챌린지가 재미있고 누구나 따라 하기 쉽게 만들어졌다면, 브랜드 컬래버레이션보다 바이럴이 훨씬 잘 되기 때문이다.

다만 챌린지에 사용하는 음원이 상업적으로 이용 가능한지 확인해야 한다. 아티스트 음원을 허락 없이 상업적으로 사용하면 저작권 위반이다. 틱톡은 '브랜디드 콘텐츠는 반드시 상업용 음악 라이브러리의 음악만 사용해야 한다'고 명시하고 있다.

4. 트렌드에 맞는 상품

라이브

앞서 라이브는 팬덤을 만드는 필수 덕목이라고 했는데, 비즈니스에도 유용하게 활용된다. 꼭 유튜브 라이브가 아니어도 된다. 트위치, 아프리카 TV도 상관없다. 게임이나 먹방 카테고리는 라이브를 활용한 비즈니스에 매우 적합하다. 신작 게임 광고를 받아서 1시간 정도 라이브로 게임을 하면, 광고는 물론이고 그 자체로 콘텐츠 역할도 한다. 중간중간 게임을 설명하면서 USP도 자연스럽게 흘려주는 것이다. 반면에 뷰티나 전자제품, 앱, 서비스 등은 라이브에서 담긴 어려운 카테고리다. 이런 제품을 라이브로 할 경우 시청자 입장에서는 크리에이터 영상이라기보다는 라이브 커머스에 가깝게 느껴진다.

라이브 상품은 두 개로 나눌 수 있는데, '실시간 라이브 상품'과 이를 하이라이트 형태로 편집하여 해당 크리에이터 채널에 다시 올리는 '라이브 하이라이트 편집형'이다. 일부 광고주나 대행사는 실시간 상품만 구매하고 하이라이트 편집형은 공짜로 부탁하는 경우가 있는데, 이 둘은 명백히 다른 별도 상품임을 알아야 한다. 라이브 하이라이트 편집형 상품은 크리에이터의 채널을 다시 한번 사용하기 때문이다. 이 경우, 출연권에서도 말했듯이 채널 사용료를 받아야 한다. 또한 카테고리와 제품군에 따라 라이브 상품의 노출 시간 협의도 잊지 말자. 라이브 상품의 경우 브랜드 컬래버레이션 단가의 70~100%를 받지만, 유튜브 외 다른 플랫

유튜브에 따르면 실시간 스트리밍, 즉 라이브는 시청자와 실시간으로 소통할 수 있는 최고의 포맷이다.

폼을 활용할 경우 해당 플랫폼에 모이는 동시 접속자수에 따라 단가 변동이 있는 편이다.

커머스

커머스는 크리에이터의 채널을 기반으로 제품을 판매하는 비즈니스 형태로, 제품 리뷰를 중심으로 하는 크리에이터라면 추천하는 상품이다. 커머스는 공동구매와는 다르다. 공동구매는 크리에이터를 중심으로 개개인이 모여 대량으로 구매함에 따라 할인 혜택을 받는 거라면, 커머스는 낱개 단위로 판매한다(커머스에서도 할인 혜택은 있다). 크리에이터가 직접 기획한 제품을 파는 경우도 있지만, 여기서는 브랜드 제품을 판매하는 경우만 이야기하겠다. 크리에이터가 제품을 판매할 때는 판매량을 끌어 올리기 위해 시청자에게 할인 쿠폰을 준다는 조건을 거는 경우가 대부분이다. 그리고 크리에이터는 제품 판매량에 맞춰 수수료를 받는다.

커머스 상품에는 VOD와 라이브 두 가지 형태가 있다. 이는 2022년 12월에 공개된 유튜브 쇼핑 기능을 통해 활성화되고 있는 상품이다. 해당 콘텐츠(VOD 혹은 라이브 형태의 영상) 아래에 브랜드의 제품 이미지가 뜨는 식이다. 시청자가 이미지를 클릭하면, 곧바로 구매 페이지로 연결시켜 구매 과정에서 발생하는 이탈률을 줄인 상품이다.

하지만 커머스 상품은 리스크가 크다. 시청자가 크리에이터가 직접 판매하는 영상을 보고 크리에이터를 믿고 상품을 구매하기 때문에 커머스 영상에서 말한 내용과 실제 제품에 차이가 있다면 고객 컴플레인은 크리에이터에게 향하게 된다. 배송에 문제가 생겼을 때도 크리에이터를 탓하기 일쑤다. 즉, 해당 제품에 대한 고객 관리를 크리에이터가 책임지는 구조가 되어버리니 주의하길 바란다. 커머스 상품의 경우, 아직 유튜브 쇼핑 기능이 도입된 지 1년도 채 지나지 않았기에 단가 통계를 내기 어렵다. 다만 본인의 카테고리에서 신뢰도가 높아 브랜드 제품의 판매력이 좋은 크리에이터의 경우 브랜드 컬래버레이션 상품 단가의 100% 이상을 받기도 한다. 혹은 이 단가를 낮추는 대신 제품 판매 시에 일정한 수수료를 취득하는 형태로 진행하면 된다.

쇼츠

2021년 7월에 등장한 쇼츠는 유튜브의 일반 영상에 비해 노출도가 높다. 영상 길이도 짧아 시청 완료율도 높다. 높은 노출도와 시청 완료율에 비해 광고 단가는 일반 영상보다 낮아 요즘 브랜드들이 선호하며, 특히 마케팅 예산이 부족한 중소 광고주에 적합한 상품이다.

쇼츠 단가는 보통 브랜드 컬래버레이션 단가 기준 20~50% 정도를 받는 편이며, 인스타그램 릴스나 틱톡과 마찬가지로 USP는 1분 영상 기준 10~15초 정도 들어가는 게 좋다. 시청 형태가 점점 짧아지는 최근 추세에 가장 적합한 상품이다.

5. 대중성을 획득했을 때 판매할 수 있는 상품

모델

모델 상품의 경우, 연예인이 15초짜리 TV 광고에 나오는 것을 생각하면 된다. 뷰티 카테고리를 제외하고는 광고주 측에서 그다지 선호하지 않는다. 연예인보다 인지도도 낮고 취향 기반이라 해당 카테고리가 아니면 잘 모르기 때문이다.

물론 대중성을 획득한 크리에이터라면 이야기가 달라진다. 최근에는 크리에이터가 TV와 OTT에 출연하며 연예인 못지않은 인지도를 가지고 있는 경우가 많다. ENA 예능 프로그램 〈지구마불 세계여행〉에 출연한 **원지의하루** 채널의 이원지 크리에이터는 TV 출연 후 햄버거 브랜드 롯데리아와 쇼핑 플랫폼 지그재그의 모델이 되기도 했다.

모델 상품의 일반적인 사용 범위는 전방위다. 네이버 배너, TV, 오프라인 매장, 버스 정류장, 건물 외벽 등 다양한 방법으로 노출된다. 전문 제작자가 제작하는데, 콘티부터 세트장 섭외, 전문 헤어 메이크업, 의상 등 매우 디테일하게 준비한다. 그리고 만족스러운 결과물이 나올 때까지 반복적으로 촬영하기에 촬영 시간은 하루 기준 보통 8시간으로 잡는다. 단가는 브랜드 컬래버레이션 상품 기준 통상 50~100%까지 책정한다. 크리에이터의 영향력에 따라 차이 폭이 큰데, 크리에이터가 온라인을 넘어 오프라인에서도 영향력이 있거나 TV 프로그램에도 자주 나와 대중적인 인지도가 있다면 단가는 100%까지 간다.

모델 상품은 활용 기간을 정해야 하는데, 보통 3개월, 6개월, 12개월이 있다. 구독자수가 적고 앞으로 성장 가능성이 큰 크리에이터는 3개월, 이미 성장할 대로 성장한 크리에이터는 12개월이 좋다. 전자의 경우, 영상을 꾸준히 올리면 채널이 성장하므로 나중에 더 높은 단가를 받을 수 있지만, 후자는 더 이상 성장 가능성이 없어 단가가 오를 가능성이 없으니 처음에 최대한 12개월로 하는 게 좋다.

물론 예외도 있다. 제안 들어온 브랜드가 크리에이터의 메인 타깃이 자주 이용하는 플랫폼에 노출되는 경우다. 예를 들면 성장 가능성이 큰 뷰티 크리에이터에게 올리브영의 판매 통합 랭킹 100위 안에 꾸준히 드는 제품의 광고 제안이 들어왔다면 어떨까? 이때는 3개월보다 12개월이 훨씬 이득이다. 올리브영 소비자층에게 크리에이터가 꾸준히 노출될 수 있기 때문이다. 그러므로 단순히 돈에만 목적을 두면 안 된다. 돈 외에도 크리에이터에게 도움 되는 부분이 있는지 전방위적으로 생각해야 한다.

모델 상품의 주의사항은 카테고리 독점 여부다. 카테고리 독점이란 그 브랜드 외에 경쟁사 브랜드는 절대로 노출하면 안 된다는 뜻이다. 내가 A라는 피자 브랜드와 6개월 모델 계약을 맺을 경우 6개월 동안 유튜브 채널에서 경쟁사 피자를 먹는 모습을 절대 노출하면 안 된다. 이 경우 독점 조항 관련 계약 위반으로 걸릴 수 있으니 반드시 카테고리 독점인지 아닌지 확인해야 한다. 예를 들어 구독자 1만 명일 때 뷰티 마스크팩 회사에서 뷰티 관련 전 제품 독점 모델 제안이 들어왔다고 해보자. 모델 기간은 1년이고, 현재 진행하고 있는 브랜드 컬래버레이션 광고 가격보다 훨씬 높은 금액이다. 어떻게 할 것인가? 크리에이터 입장에서는 분명 솔깃한 제안이기는 하지만, 채널의 성장 가능성을 고려했을 때 오히려 장기적으로는 손해가 될 수도 있다. 독점 광고의 경우 현재 상황뿐 아니라 앞으로의 가능성까지 고려해서 더 신중하게 선택해야 한다.

초상권

초상권은 '프로필 사진'을 말한다. 채널이 어느 정도 성장하고 나면 전문 스튜디오에서 찍는 게 좋다. 주로 기사 인터뷰에 사용하는데, 초상권을 팔 수도 있다. 예를 들면 브랜드 공식 홈페이지에 마케팅 제품을 팝업으로 띄울 때 브랜드에서 크리에이터의 초상권을 요구한다. 유튜브 영상에 나온 장면을 캡처하면 화질도 낮고, 오피셜한 느낌을 줄 수 없기 때문이다. 초상권도 모델 상품과 동일하게 3개월, 6개월, 12개월을 기준으로 계약한다. 3개월 기준, 이 상품의 단가는 브랜드 컬래버레이션 단가의 10~20% 정도로 측정한다.

비즈니스를 할 때는 팔 수 있는 상품이 다양하면 다양할수록 좋다. 유튜브 채널은 오늘도 새롭게 생겨나고 있고, 이는 그만큼의 상점이 새로 오픈했다는 의미다. 수많은 상점에서 다양하고 차별성 있는 상품을 판매하고 있기 때문에 일단 상품 수가 적으면 경쟁력이 떨어질 가능성이 크다. 편의점도 다양한 손님 취향에 맞춰 많은 물건을 들여놔야 더 많은 손님이 찾아오듯 광고주와 대행사도 원하는 것이 다양하므로 크리에이터는 다양하게 상품을 구비해둬야 한다.

상품이 안 팔리면 프로모션도 진행해야 하는데, 이때 광고주의 상황을 고려하여 특정 기간 한정 할인을 진행해도 좋다. 특히 매년 12월은 광고주들이 남은 예산을 다 털어내기 때문에 '4분기(10월~12월) 한정 할인'을 추천한다. 혹은 오프라인 상품과 인스타그램 이미지 포스팅을, 라이브 상품과 하이라이트 편집형 상품을, 브랜드 컬래버레이션 상품과 쇼츠 상품을 묶는 '패키지 상품'을 출시해도 좋다.

마지막으로 한 가지 팁을 주자면, 상품을 여러 개 구매하는 광고주나 자주 구매하는 광고주를 단골로 만들고 싶다면 10~20%의 할인 혹은 서비스를 주는 게 좋다. 하루 뒤에 휘발되는 '인스타그램 스토리'나 '유튜브 커뮤니티 글', '유튜브 브랜드 컬래버레이션 혹은 PPL 영상의 '더보기'란에 자세한 설명 추가', '고정 댓글을 달아 추가 노출하기' 등이다. 다만 서비스 제품인 만큼 브랜드 피드백은 받지 않는 조건을 넣자. 광고 성과가 예상보다 낮을 때 추가 서비스로 제시해도 된다. 상점을 운영하는 것은 콘텐츠 제작과는 별개의 일이다. 진짜 비즈니스다. 고객의 발걸음이 끊이지 않는 상점을 만드는 것은 오로지 크리에이터의 몫이다.

내가 만든 광고 영상,
공짜로 활용되고 있지는 않나요?

크리에이터 상품은 앞서 소개한 5가지 외에 하나의 분류가 더 있다. 바로 내가 만든 광고 영상을 다시 한번 활용하는 '2차 활용(=라이선스) 상품'이다. 크리에이터가 만든 영상으로 크리에이터의 허가가 필요한 '라이선스' 상품이고, 브랜드가 다시 한번 활용하는 것이기에 '2차 활용'이라 부른다.

2차 활용 상품은 이해가 조금 어려운 상품이므로 반드시 기준이 있어야 한다. 다음의 4가지를 참고해서 내가 만든 영상이 내 허락 없이 여기저기 활용되는 일이 없도록 하자.

첫째, '활용처가 어디냐'다. 브랜드는 2차 활용 영상을 공식 홈페이지, SNS, 자사몰, 스마트스토어, 오픈마켓, 소셜 커머스, 오프라인 매장 등 다양한 곳에 사용한다. 이 중 구매와 연결되는 것들이 있는데, 이는 구매 버튼 유무로 따지면 된다. 인스타그램도 쇼핑 기능을 연동할 수 있고, 안 할 수도 있기 때문이다. 이처럼 구매와 연동된 페이지에 크리에이터의 광고 영상을 2차 활용할 경우를 '커머스 2차 활용 권한(커머스 라이선스)'이라고 한다.

둘째, '내 광고 영상을 추가로 편집하냐, 안 하냐'다. 이는 '편집 2차 활용 권한(편집 라이선스)'이라고 하는데, 내가 만든 전체 영상에서 제품이 나온 부분만 짧게 편집하는 경우다. 유튜브 채널도 아닌 브랜드 자사몰에서 내 광고 영상을 일반 소비자가 처음부터 끝까지 다 볼 이유는 없기 때문이다.

이 경우 크리에이터는 편집본을 꼭 확인해야 하며, 이를 계약서에 특정 조항으로 포함하는 게 좋다. 제품을 노출한 부분만 자르는 것은 양호한 경우지만, "크리에이터 ○○○이 3년 전부터 사용해온 이것!!"처럼 원래 영상에는 없었던 새로운 자막을 삽입할 수 있으므로 이러한 점을 계약서에 디테일하게 명시해야 한다.

셋째, '광고를 돌리는지' 확인해야 한다. 유튜브 영상 시청 전에 나오는 구글 애즈와 같은 매체를 집행하거나, 인스타그램 스토리 사이사이에 나오는 타깃 광고를 집행하는지 체크하는 것이다. 이는 '광고 2차 활용 권한(광고 라이선스)'이라고 한다.

광고 2차 활용 권한은 편집 2차 활용 권한과 같이 묶어서 구매하는 경향이 있는데, 광고를 짧은 시간에 노출해야 하기 때문이다. 그러므로 크리에이터는 광고 2차 활용 권한 판매 시, 편집 2차 활용 권한도 같이 구매하는 것인지 꼭 체크할 필요가 있다. 이 두 상품은 서로 연결성이 높

《 크리에이터의 광고 영상에 대한 라이선스 상품의 종류 》

	상품명	상품 정의	상품 특징	체크 리스트
1	커머스 라이선스 (커머스 2차 활용 권한)	쇼핑 기능(판매 페이지)이 있는 곳에 내 광고 영상을 활용할 수 있는 권한	쿠팡, 네이버 스마트 스토어, 티몬, 올리브영, 브랜드 홈페이지에 구매 페이지가 있는 곳	2차 활용 기간 체크
2	편집 라이선스 (편집 2차 활용 권한)	내 광고 영상을 브랜드가 편집하는 권한	소비자가 긴 영상은 안 보기 때문에 보통 짧게 편집함	2차 활용 기간 체크, 편집본을 사전에 공유받아야 함
3	광고 라이선스 (광고 2차 활용 권한)	구글 애즈나 인스타그램 타깃 광고처럼 내 광고 영상으로 매체 집행하는 (광고 돌릴 수 있는) 권한	편집 2차 활용 권한과 같이 판매되는 경향이 있음	2차 활용 기간 체크

으니 묶어서 패키지 상품으로 판매하는 게 좋다.

넷째, 사용 기간이 얼마인지 체크해야 한다. 기준은 3개월, 6개월, 12개월이다. 일부 광고주나 대행사 측에서는 1개월만 요청하는 경우도 있는데, 그렇게 되면 단가가 낮아진다. 크리에이터 입장에서는 1개월이든, 3개월이든 이미지 소비가 되는 것이니 최소 3개월로 진행하는 게 좋다.

여기서 문제를 내보겠다. 광고주가 "계약 기간은 1년이고, 광고주 홈페이지와 광고주 홍보 채널(인스타그램, 유튜브)에 영상을 사용하려고 합니다. 편집해서 짧은 영상으로도 사용하고요"라면서 2차 활용에 대해 문의해왔다. 어떻게 해야 할까?

우선 상품을 구별하기 위해 활용처가 어딘지 파악해야 한다. 일단 '광고주 홈페이지', '광고주 홍보 채널'로 두 곳의 활용처가 있다. 그 다음으로 구매 페이지가 있는지 체크하기 위해 광고주 홈페이지와 인스타그램 계정에 직접 들어가보자. 구매 페이지(인스타그램의 경우 'Shop 보기' 버튼)가 있다면 '커머스 2차 활용 권한'이 첫 번째 판매 상품이 된다. 두 번째로는 편집해서 광고주 홍보 채널에 올린다는 것이니 '편집 2차 활용 권한' 상품이 있다. 상품을 확인했다면, 매체를 집행하는지(광고를 돌리는지) 여부를 확인하자. 일부 광고주나 대행사들의 경우 광고 2차 활용 권한을 서비스로 생각하는 경향이 종종 있기 때문이다. 마지막으로 활용 기간을 체크하면 된다.

단가는 브랜드 컬래버레이션 기준으로 커머스 2차 활용 권한은 20~30%, 커머스 2차 활용과 광고 2차 활용 권한은 비슷한 금액대로 책정하면 된다. 편집 2차 활용 권한은 이 두 상품의 50% 정도다. 커머스 2차 활용 권한은 물건을 판매하기 위한 목적이고, 광고 2차 활용 권한은 유튜브나 인스타그램과 같은 플랫폼에서 타깃 소비자에게 정밀하게 노출하기 위한 목적이라 크리에이터 영상의 중요 부분만을 편집해서 사용하는 편집 2차 활용 권한과 단가가 다르다. 만약 내가 한 광고 영상의 링크만을 가져가고 싶다고 하면, 서비스로 제공하는 것도 좋다.

광고 제안, 제대로 이해하려면 문장을 쪼개라

앞서 제시한 상품을 정리하면 크리에이터에게는 총 14개의 상품이 생긴다. 기본 상품 11개, 2차 활용 상품 3개다. 상품이 너무 많아지면 비즈니스에 익숙하지 않은 크리에이터나 크리에이터 상품에 대한 이해도가 낮은 대행사 혹은 광고주는 헷갈릴 수 있다. 그러니 상품을 팔 때는 상품을 구별하는 습관을 들여야 한다.

크리에이터 상품에 대한 이해도가 낮은 대행사나 광고주가 다음과 같이 두서없이 줄글 형식으로 광고를 제안했다고 해보자.

"저희 브랜드는 이번에 ○○님과 협업하고 싶습니다. 광고 영상을 의뢰하고 싶은데, 광고 영상을 제작하게 되면 2차 활용을 하려고 합니다. 브랜드 홈페이지와 저희 채널에 해당 영상을 사용하고자 합니다. 가능하시다면 저희가 운영하는 브랜드 채널에도 한 번 나와주셨으면 합니다. 또한 ○○월 ○○일에 자체 프로모션 행사를 오프라인으로 하는데, 여기에 한 번 와주실 수 있을까요? 방문해주신다면 이를 쇼츠로 만들거나 인스타그램에 올려주시면, 저희 브랜드 인스타그램 계정에도 올리고 싶습니다. 큰 규모로 협업을 제안드리는 만큼 브랜드 공식 홈페이지에 ○○님의 이미지를 활용해서 팝업용 이미지와 상세 이미지를 만들 계획도 가지고 있습니다.”

이렇게 무슨 상품을 원하는지 명확하지 않을 때는 가장 먼저 글을 문장 단위로 쪼개보자.

1. **저희 브랜드는 이번에 ○○님과 협업하고 싶습니다.**

➡ 일단 어떤 상품 광고인지 모르니 광고주나 대행사 측에 문의해야 한다. ex) 브랜드 컬래버레이션 상품을 말하는 걸까요? PPL을 원하는 걸까요?

2. **광고 영상을 의뢰하고 싶은데, 광고 영상을 제작하게 되면 2차 활용을 하려고 합니다. 브랜드 홈페이지와 저희 채널에 해당 영상을 사용하고자 합니다.**

➡ ‘브랜드 컬래버레이션 상품’이면 2차 활용 상품을 구별해야 하니 활용처부터 확인하자. 만약 브랜드 홈페이지에 쇼핑 기능(구매 버튼)이 있다면 ‘커머스 2차 활용 권한(커머스 라이선스)’ 상품에 해당된다.

➡ ‘저희 채널’이라고 하면 대부분 브랜드의 공식 유튜브 채널이나 SNS 계정(인스타그램, 페이스북 등)을 말하는 경우가 많다. 해당 광고 영상을 쓸

때 '원본 그대로 사용하는지,' '요약본을 위해 브랜드의 자체 편집이 들어가는지' 반드시 체크해야 한다. 인스타그램에서 광고를 돌렸을 때도 쇼핑 기능이 있는 페이지로 연결되는지 물어봐야 한다.

➡ 원본 영상에 대해 편집하지 않고 링크만 가져간다면 서비스로 해줘도 괜찮다. 유튜브는 다른 채널에 있는 영상을 자기 채널로 끌어오는 기능이 있는데, 유튜브 고객센터에서는 '동영상 및 재생목록 퍼가기' 기능으로 안내하고 있다.

➡ 만약 브랜드가 편집을 한다고 하면, 이는 '편집 2차 활용 권한' 상품이다. 그러므로 "편집된 영상은 반드시 크리에이터 컨펌하에 활용한다"라는 특약 조항을 계약서에 넣어야 한다.

➡ 제안 내용에 없을지라도 '매체를 집행하는지(광고를 돌리는)' 체크해야 한다. 광고 상품에 대한 이해도가 낮은 광고주나 대행사는 '채널에 이용한다는 것'을 매체 집행과 동의어로 생각하는 경우가 꽤 있다. 혹은 '2차 활용'이라는 용어 안에 매체 집행 금액이 포함되어 있다고 여기기도 한다. 이것은 '광고 2차 활용 권한(광고 라이선스)'으로 반드시 확인해야 한다. 유튜브 기반 구글 애즈나 인스타그램의 타깃 광고와 같은 매체를 집행하는지 체크하자.

3. 가능하시다면 저희가 운영하는 브랜드 채널에도 한 번 나와주셨으면 합니다.

➡ 이는 '출연권 상품'을 말한다. 브랜드 채널에서 제작진과 함께 기획한 콘텐츠, 즉 대본과 촬영 장소 등 전체적인 콘셉트가 나온 콘텐츠에 출

연하는 것이다. 촬영 장소와 촬영 시간(하루 기준 8시간)을 체크하고, 브랜드 측에서 사전에 전달해준 기획과 대본 중 무리한 부분이 없는지 확인하자.

4. **또한 ○○월 ○○일에 자체 프로모션 행사를 오프라인으로 하는데, 여기에 한 번 와주실 수 있을까요? 방문해주신다면 이를 쇼츠로 만들거나 인스타그램으로 올려주시면,**

➡ 브랜드가 오프라인 프로모션 행사에 와달라고 요청할 때는 크리에이터가 크리에이터 인스타그램 계정에 행사 참석 사진을 남기는 걸 예상하므로 오프라인 행사와 인스타그램 포스팅 상품도 같이 구매하는 것인지 체크해야 한다.

➡ 브랜드 측에서 '쇼츠 상품'을 요구하면 크리에이터 채널을 활용하는 것이므로 채널 이용료를 받아야 한다. 즉, 광고주가 오프라인 행사를 쇼츠로 녹여달라고 하면 '오프라인 행사 상품'과 '쇼츠 상품' 두 가지를 판매하는 것이다.

➡ 인스타그램 상품에는 '이미지 포스팅'과 '영상(릴스)'이 있다. 브랜드 측에서 원하는 것이 이미지인지 영상인지 물어보자. 인스타그램 스토리는 하루 뒤에 사라지는 것이므로 서비스로 해줘도 된다.

5. **저희 브랜드 인스타그램 계정에도 올리고 싶습니다.**

➡ '인스타그램 2차 활용 권한(인스타그램 라이선스)' 상품이다. 크리에이터가 인스타그램에 포스팅한 이미지나 릴스 영상을 브랜드 측 계정에

리그램하는 것으로 상점 주인인 크리에이터가 선택하면 된다. 사용 기간 3개월을 기준으로 인스타그램 포스팅 단가 기준에서 10~20% 정도 받아도 되고 서비스로 해줘도 된다.

6. 큰 규모로 협업을 제안드리는 만큼 브랜드 공식 홈페이지에 ○○님의 이미지를 활용해서 팝업용 이미지와 상세 이미지를 만들 계획도 가지고 있습니다.

➡ 공식적인 이미지에 쓰이는 만큼 프로필 사진, 즉 초상권을 달라는 이야기다.

문장 쪼개기는 크리에이터가 자신의 상품을 제대로 이해하지 못했다면 아무 쓸모가 없다. 광고주나 대행사에서 제안이 왔을 때 광고주가 원하는 상품이 정확히 어떤 것인지 파악하기 위해서는 우선 내가 판매하는 상품 유형은 무엇이고, 이는 어떤 특성과 주의점이 있는지 등을 알아야 질문도 할 수 있다.

마지막으로 문장 쪼개기로도 알 수 없는, 비즈니스할 때 꼭 확인해야 할 것은 광고주나 대행사 측과 합의된 최종 금액이 '매출'인지 '지급금'인지, '세전'인지 '세후'인지 여부다. 크리에이터에게 직접 제안이 오지 않고 대행사를 통하는 경우에는 수수료가 빠진다. 또한 광고를 진행하면서 드는 기타 부대 비용이 존재하는데, 이 모든 것을 제하고 크리에이터의 통장에 꽂히는 돈이 얼마인지 반드시 사전에 확인해야 한다.

"광고 단가는 얼마가 적당할까요?"

크리에이터라면 가장 궁금해하는 부분이 아닐까 싶다. 크리에이터의 수익원은 유튜브 조회수 수익과 브랜드의 광고 협찬 수익인데, 둘 다 잘 되는 경우는 극소수다. 유튜브 조회수 수익이 괜찮으면 광고가 없고, 광고 협찬 수익이 괜찮으면 조회수 수익이 나쁠 수도 있기 때문이다. 이는 광고 영상이라는 본질적 특성에 기인한다. 광고 영상을 선호하는 시청자는 거의 없고 일부는 거부감까지 갖고 있어서 광고를 취하면 조회수 수익이 잘 나오지 않는다.

광고 영상의 조회수 하락은 비단 그 광고 영상 한 개에만 그치지 않는다. 광고 영상 조회수가 잘 나오지 않으면, 그 다음 일반 영상들의 조회수도 잘 나오지 않는다. 유튜브의 알고리즘은 시청 완료율도 길고 조회수도 잘 나오는 영상의 자리를 빌려 구글의 수익을 높여주는 것임을 잊지 말라.

크리에이터에게는 광고 한 건을 적절한 값을 받고 진행하는 게 중요하다. 이 단가를 통해 앞으로 얼마나 채널을 운영할 수 있을지, (채널이 죽어) 광고 제안이 끊기기 전에 얼마나 많은 광고 수익을 얻을 수 있을지를 가늠하는 잣대 역할을 하기 때문이다. 이러한 이유로 크리에이터는 광고 단가를 최대한 합리적으로 정하려고 하지만 이는 너무 어려운 문제다. 그 원인은 다음 세 가지다.

첫째, 크리에이터 광고 단가는 통계를 내기 어렵다. 구독자수가 동일해도 카테고리가 다를 수 있고, 카테고리가 같아도 조회수와 시청 완료율은 제각각이다. 좋아요수, 댓글수와 같은 인게이지먼트 지표도 다르다. 외부적인 요인으로 알고리즘의 축복을 받을 수도 있고, 하루아침에 조회수가 폭락할 가능성이 언제나 존재한다. 이렇듯 기준을 정하는 게 어려워서 단가를 통계 내는 것 자체가 불가능하다. 특히 채널을 운영한 지 얼마 안 된 크리에이터는 광고 상품에 대한 단가 개념이 아예 없어 크리에이터 시장에 더 큰 혼란을 야기한다.

둘째, '브랜드 → 대행사 → 크리에이터'라는 비즈니스 구조상 생기는 문제점이 존재한다. 크리에이터의 광고 단가 협상은 대부분 크리에이터의 선 제시로 시작한다. 일부 대행사는 크리에이터들에게 동일한 구글 폼 형식을 제공하면서 채널명과 단가를 기재해달고 요청하기도 하는데, 이 중 가장 가성비가 좋은(단가는 싼데 조회수는 잘 나오는) 크리에이터를 선택하기 위함이다.

건강한 대행사는 크리에이터의 영향력에 맞는 값을 지불하지만, 일부 악덕 대행사들은 어떻게든 단가를 내리려고 한다. 청소년 크리에이터는 제값을 거의 못 받는 경우가 다반사다. 실제로 구독자수가 15만 명에, 평균 조회수는 5~8만가량인 고등학생 크리에이터에게 브랜드 컬래버레이션 상품을 30만 원에 여러 번 진행한 대행사도 있었다. 그들은 그것도 후하게 준 거라고 말했다고 한다.

셋째, 채널이 정체되어 있거나 하락세를 맞이하고 있는 크리에이터의 경우, 채널이 안 되기 시작하면 들어오는 광고 양이 눈에 띄게 준다. 하루에 기본 2~3개를 받다가 일주일에 1개도 받기 힘든 상황이 되면, 크리에이터 스스로 단가를 내리게 된다.

이처럼 크리에이터는 자신의 영향력에 대한 값을 정확히 모르는 상황에, 단가에 대한 통계는 내기 어렵고, 일부 대행사는 최소 비용을 원하고, 정체 및 하향세인 크리에이터는 최소한의 수익이라도 벌어들이려고 하니 크리에이터 광고 시장의 단가는 사실상 뒤죽박죽 상태다. 하지만 크리에이터 광고 단가에 대한 정확한 통계가 없더라도 시장에서 허용되는 단가는 반드시 존재한다. 대행사나 광고주는 이를 알고 있다(그들은 광고 업계 전문가다). 그렇다면 어떻게 적정 단가를 찾아야 할까?

우선 내가 희망하는 단가를 정해보자. 예를 들어 브랜드 컬래버레이션 단가를 300만 원으로 정했다면 300만 원을 제시하면 된다. 이때 광고가 불발되면, 300만 원은 시장에서 허용되는 단가가 아니다. 반대로 대행사가 진행하자고 하면, 300만 원은 (내 채널 규모 기준으로) 시장에서 허용되는 단가인 것이다. 그리고 다음번 제안에서 단가를 올려보면서 내 적정 단가를 찾아가면 된다. 솔직히 말해 지금은 이렇게 단가를 찾아가는 방법밖에 없다. 구독자수 5만은 얼마, 10만은 어느 수준이라고 기준가를 이야기해주고 싶지만, 그런 시세표는 존재하지 않는다.

자신의 광고 단가를 설정했다면, 그 후로는 어떤 경우든 비용 협상에 응해서는 안 된다. 가령 300만 원이라는 브랜드 컬래버레이션 단가를 이미 책정한 뒤에는, 일부 대행사가 '다음번에 또 광고 제안을 할 테니 50만 원을 할인해달라'고 해도 절대로 조율해줘서는 안 된다는 뜻이다. 광고계는 생각보다 좁아서 내 단가가 떨어졌다거나 비용을 조율하기 쉽다는 등의 이야기가 돌면 스스로 자신의 단가를 깎아먹게 될 수도 있다. 단가를 할인해주는 일은 앞서 말한 특정 시기의 할인 프로모션이나 여러 상품을 함께 구매하는 경우에 할인 서비스를 제공하는 것 정도로 끝나야 한다. 아무 이유 없이 할인 요청에 응한다면 결국 크리에이터가 손해를 보게 된다.

앞으로 인플루언서 광고 시장은 더 크게 성장할 것이다. 디지털에 친숙한 알파세대가 소비의 중심이 되고 있고, 유튜브 외에도 여러 플랫폼이 등장하고 있으며, 누군가에게 영향력 있는 사람이 되고 싶은 건 인간의 본능이기 때문이다. 그런데 나의 영향력에 대해 제값을 못 받는 일이 비일비재해지면 시장은 무너질 수밖에 없다. 크리에이터와 대행사, 광고주 모두 지금 당장 내 주머니 속으로 들어가는 돈이 아니라 시장을 좀 더 장기적으로 보는 안목을 길러야 한다.

채널과 어울리는 광고는
그 자체로 훌륭한 포트폴리오

광고 영상의 조회수가 잘 나오면, 광고 제안 메일이 급격하게 많이 들어오지만, 반대로 잘 안 나오면 이렇게 냉정할 수 있나 싶게 연락이 뚝 끊긴다. 채널에 올린 광고 영상은 그 자체로 크리에이터의 포트폴리오 역할을 한다. 따라서 광고의 양과 질을 관리할 필요가 있다. 쉽게 말해, 광고를 무작정 많이 하는 건 좋지 않다. 시청자는 기본적으로 광고에 대한 거부감이 있다. 유튜브는 광고 전용 플랫폼이 아니고, 내 채널 또한 광고를 위한 채널이 아니다. 광고 수익만 좇다가 본질을 잃어버려서는 안 된다.

네이버 블로그가 2010년대 왜 흥망성쇠를 겪었는지 아는가? 블로그의 성격을 저버리고 광고판이 되어버렸기 때문이다. 네이버 블로그가 돈이 된다는 말에 너도나도 뛰어들었고, 그 결과 블로그에서 믿을 수 있는 정보를 더 이상 구하기 어려워지자 이용자들이 떠나게 된 것이다.

유튜브도 마찬가지다. 채널이 광고판이 되어버리는 순간 시청자는 떠난다. 대표적인 예로 캠핑 카테고리가 있다. 팬데믹으로 캠핑이 유행하자 캠핑 크리에이터 채널이 수백 개 생겼고, 캠핑 광고 물량도 폭발했다. 하지만 팬데믹 기간 2년 동안 구독자수 20만 명을 넘은 캠핑 크리에이터는 손에 꼽을 정도다. 왜일까? 광고 물량이 넘치다 보니 성장 단계에 있는 채널(구독자 5만 명 이하)에 많은 광고 제안이 들어갔고, 이때 유튜브 비즈니스 구조를 잘 몰랐던 많은 크리에이터들이 무작정 광고를 하면서 캠핑 카테고리가 광고판이 되어버렸기 때문이다. 그렇게 시청자는 떠났고, 채널은 성장할 타이밍을 놓쳐 버렸다. 캠핑이 대한민국을 관통한 메가 트렌드였던 것에 비해 아쉬운 결과라 할 수 있다.

그러므로 무분별하게 광고하기보다 채널과 얼마나 어울리는지 고려해야 한다. 계속 강조하지만, 유튜브는 카테고리가 명확하게 나뉘는 취향 플랫폼이다. 만약 감성 브이로거가 모바일 게임 광고를 하면 어떨까? 레시피 크리에이터가 뷰티 제품을 광고한다면? 여행 크리에이터가 갑자기 건강기능식품을 광고한다면? 채널을 시청하고 구독한 사람들 입장에서는 생뚱맞게 느껴질 수밖에 없다. 크리에이터가 돈을 벌기 위해 채널을 운영하고 있다는 생각이 자연히 들게 된다.

또한 크리에이터가 어떤 제품을 처음 광고하느냐에 따라 앞으로 들어오는 광고의 성격이 결정될 가능성이 크다. 감성 브이로거가 모바일 게임 광고를 했다면, 또 모바일 광고가 들어올 확률이 높다. 문제는 계속해서 반복적으로 이뤄지면 해당 채널에서 원했던 영상이 아니기에 조회 수는 떨어지고 구독자는 이탈하게 된다. 광고주 입장에서도 광고 영상의 반응이 좋지 않아 해당 채널을 다시 찾지 않게 된다. 간혹 일정이 급박하게 진행되어 광고 제품에 맞는 채널을 찾는 게 아니라 광고가 가능한 채널을 찾는 경우가 있다. 일부 크리에이터는 이를 기회라고 여겨 광고를 진행하지만, 이럴 경우 감성 브이로그 채널에서 모바일 게임 광고를 한 상황이 된다. 이런 악순환이 시작되는 순간, 망가지는 것은 크리에이터의 채널이며 결국에는 채널이 죽고 만다.

그렇다면 어떻게 광고를 선택해야 할까? 크리에이터마다 다르지만, 광고 진행 여부를 결정할 때 공통적으로 적용할 수 있는 기준이 있다. 바로 '해당 광고 제안이 콘텐츠 소재가 될 수 있는가'다. 쌍용자동차가 출시한 토레스는 예약 첫날 사전 예약 대수가 1만 2천 대를 넘었다. 쌍용자동차가 출시한 신차 사전 계약 물량 중 역대 최고치였다. 이러한 상황에서 토레스의 실물 리뷰 영상을 자동차 카테고리에 속한 내 채널에서 처음 선보이면 어떨까? 당연히 엄청난 관심을 받게 된다. 실제로 **김한용의 MOCAR** 채널에서는 쌍용자동차의 토레스 시승 행사장에 방문해 토레스의 실제 디자인과 성능, 시승감을 보여주는 오리지널 콘텐츠를 진행했는데, 해당 영상은 300만 회가 넘는 조회수를 기록했다.

이외에 남들에게 기회가 잘 주어지지 않는 제안이라면, 무조건 하는 게 좋다. 예전에 한 크리에이터와 협업할 때 독도에서 영상 촬영을 하는 제안이 들어왔다. 정부에서 진행하는 공공 캠페인의 일환이었는데 나는 크리에이터에게 무조건 하라고 말했다. 독도는 일반인이 쉽게 가서 촬영할 수 없는 장소다. 이는 유튜브에 독도를 소재로 콘텐츠를 만든 크리에이터가 없다는 의미다. 당연히 높은 조회수가 나올 수밖에 없다.

영화나 드라마를 리뷰하는 크리에이터도 마찬가지다. 요즘은 OTT 나 제작사 등에서 홍보 목적으로 리뷰 크리에이터를 화이트 리스트 처리 해 적극적으로 리뷰 영상을 제작하도록 하는 추세다. 단가는 다른 카테 고리처럼 높지 않지만 영화 및 드라마 리뷰 크리에이터 입장에서는 광고 자체가 콘텐츠 소재이므로 이런 경우도 무조건 해야 한다. 특히 화제성 을 가진 신작에 대해 화이트 리스트 권한을 받아 채널에 올릴 경우, 영상 길이도 길고 시청 완료율도 높기 때문에 영상 하나당 조회수 수익이 수 천만 원까지 갈 수 있으므로 광고 단가는 크게 중요하지 않다.

조회수가 대박 터지지 않더라도 사회적 의미가 있다면 해볼 만하다. 예를 들면 어류 칼럼니스트가 운영하는 **입질의추억TV jiminTV** 채널은 한국수산자원공단으로부터 제안받아 '어린 물고기(치어) 방생 캠페인'이 라는 공익 광고 영상을 만들었다. 이는 광고 영상이긴 하지만, '이런 캠페 인을 레거시 미디어에서도 많이 진행했으면 좋겠다', '이 형은 진심으로 바다를 사랑하고 어족자원을 지키는 모습이 보인다' 등 매우 긍정적인 시청자 반응을 얻었다.

광고를 진행할 때 돈을 기준으로 한다면, 브랜드 컬래버레이션 상품 의 개념을 잘못 이해하고 있는 것이다. 브랜드와 크리에이터의 합작인 만큼 둘 다 윈윈이 되느냐가 가장 중요하다. 광고 영상이지만 유튜브 크 리에이터의 콘텐츠로서도 가치가 있어야 한다. 만약 일주일에 영상 하나 를 올린다면 광고는 한 달에 한 개씩만 진행해야 한다. 이렇게 적당한 주 기로, 내 채널과 맞는 광고인지 아닌지 자기만의 기준을 세워 채널이 광 고판이 되지 않게 잘 선택하길 바란다.

광고 계약서는
무조건 쓰자

계약서는 계약 당사자 간 효율적으로 일을 진행하기 위한 것으로, 일을 시작하기 전에 제일 먼저 챙겨야 하는 부분이다. 문제가 터졌을 때 해결책이 되기도 하고, 부당하거나 억울한 일로부터 나를 보호해주는 수단이 되기도 한다. 계약서를 쓰지 않고 일하는 경우도 있나 싶겠지만, 꽤 많은 크리에이터가 계약서 없이 주먹구구식으로 일을 하고 있다. 이럴 경우 손해 보는 쪽은 대부분 크리에이터다.

다음에 첨부한 계약서 예시는 브랜드 컬래버레이션 상품을 기준으로 작성한 것이다. 크리에이터가 판매하는 상품에 맞게 대행사나 광고주별로 정해진 내부 양식이 있고, 계약서마다 조금씩 다를 수 있으나 반드시 알아야 할, 꼭 체크해야 할 내용을 위주로 작성했으니 참고하길 바란다.

4장 크리에이터 비즈니스

✳ 브랜드 컬래버레이션 계약서

→ 판매하는 상품 중 '메인이 되는 상품명'을 기입하면 된다.

<u>광고주 또는 대행사</u>(이하 '갑'이라 함)와 <u>크리에이터</u>(이하 '을'이라 함)는 (은) 광고 상품에 대하여 다음과 같이 계약을 체결한다.

제1조【목적】

본 계약은 "갑"과 "을" 사이에 체결한 광고 상품에 대해 양측의 제반 사항을 규정하는 데 목적이 있다.

제2조【내용】

1) 판매 상품명; 브랜드 컬래버레이션

→ 상품 구별 필수

① 20○○년 ○○월 ○○일까지 '갑'이 의뢰하는 '브랜드 컬래버레이션 영상'을 제작하여 유튜브 채널에 업로드한다.

→ 상세 내용은 피드백 지연과 미스 커뮤니케이션을 방지하기 위해 최대한 디테일하게 적고 꼼꼼히 검토해야 한다. 합의 과정은 반드시 이메일이나 카톡을 통해 진행해서 자료가 남아있는 게 좋다.

→ ①의 경우 전체적인 진행 프로세스를 적고, 각각의 일정에 관한 내용을 명시해야 한다.

✔ 브랜드 컬래버레이션 상품의 경우 아래와 같은 프로세스를 통해 진행한다.

: USP 전달 → 기획안 작성 → 기획안 피드백 1회 → 영상 촬영 → 편집 → 편집본 전달 → 편집본 피드백 1회 → 최종본 전달 → 최종본 피드백 1회 → 업로드

✔ 기획안과 편집본 초안, 최종본에 대한 피드백(수정)은 1회만 가능하다. 그 외의 추가적인 수정 요청은 불가능하다.

→ '수정 횟수'를 1회로 명시해놓는 이유는 광고주(대행사) 측이 여러 번 수정 요청을 할 때도 있기 때문이다. 수정 횟수는 최대 2회가 적당하다. 수정 횟수가 늘어나면 그만큼 피드백하는 시간도 늘어난다는 것을 명심하자.

✔ 피드백의 경우, 영업일 기준 3일 이내로 요청해야 하며, 해당 기한이 지날 경우, 수정 요청이 없는 것으로 간주한다.

→ 수정 요청 사항을 주는 기한도 명시해놓아야 한다.

✔ 최종본은 7월 2일 18시에 업로드하며, 이는 어떠한 사유로도 연기가 불가능하다.

→ 최종본을 업로드하는 날짜와 시간을 픽스해놓아야 한다. 내부 검토로 업로드가 늦어지면, 피해 보는 것은 크리에이터 채널이다.

✔ 편집본에 대한 수정 가능한 범위는 '자막 수정, 나레이션 수정, 컷 변경 및 삭제'다. 최종본은 전달 목적이 컨펌용이기에, '편집본에서 수정이 안 된 부분'과 '오타와 같은 사소한 부분' 외에 수정은 불가능하다.

→ 수정 범위에 대해서도 명시해놓아야 한다.

2) 2차 활용 상품에 대한 내용은 아래와 같다.

① '편집'과 '광고' 2차 활용 상품을 구매하는 것이며, 사용 기한은 3개월이다. 이를 어길 경우, 해당 기간의 사용료를 위약금으로 지불한다. 각각의 단가는 100만 원, 50만 원이다.

② 편집한 영상의 경우, 반드시 '을'의 확인을 받아 사용해야 한다.

③ 2차 활용 상품의 활용처는 공식 홈페이지와 브랜드 SNS 채널이다.

→ 2차 활용 상품의 경우 합의를 통해 필요한 상품이 어떤 것인지, 각각 사용 기간은 얼마이고 단가는 얼마인지 기재해야 한다. 상세히 적지 않을 경우, 무단으로 2차 활용되었을 때 법적 조치를 취하지 않는 한 대처 방법이 없다. 공식 홈페이지나 SNS일 경우 링크를 기입하고, 매체 집행을 할 경우 플랫폼명을 적자. 활용처에 '구매 버튼'이 있는지도 꼭 확인해야 한다. 이는 커머스 2차 활용 상품도 구매하는 것이므로 구매 버튼이 있을 시 이에 대한 내용도 기입해야 한다.

제 3조【 의 무 】

1) '갑'과 '을'은 해당 계약을 진행함에 있어, 필요한 부분이 있다면 서로의 의무를 다해야 한다.

2) '갑'이 행해야 할 의무는 아래와 같다.

① 캠페인 목적, USP 제품의 특장점, 메인 타깃 등 제품 및 서비스에 관한 세부 정보를 성실히 제공해야 한다.

② 샘플 제품이 필요할 경우, 이를 기획안 작성 전에 '을'에게 전달해준다.

③ 노출 관련 유의 사항이 있을 경우 반드시 촬영 전에 전달한다.

④ 촬영 시 필요한 배너 의미지, 의상, 소품 등은 '갑'이 제공해준다.

⑤ 심의가 필요할 경우, 이는 '갑'이 전문 심의 기관에 의뢰하여 진행한다.

⑥ 유료 광고 고지는 필수임을 확인한다.

→ 전문 심의 기관의 인증을 받지 않은 제품을 진행하는 것은 광고법 위반이다. 심의가 필요한 제품군은 의료, 의약품, 건강기능식품, 영유아식 식품, 다이어트 식품, 금융, 보험, 주류, 화장품 등이 있다. 허위 과장 광고가 되지 않게 인증받은 정확한 정보만 크리에이터에게 전달해야 한다. 크리에이터는 구글에 '온라인 광고 심의'를 치면 상세하게 나오니 이를 참고하자.

3) '을'이 행해야 할 의무는 아래와 같다.

① 반드시 정해진 일정에 맞춰, 해당 프로세스를 진행한다.

② 광고 진행 시 연락이 두절되지 아니한다. 특히 '을'의 개인적 사유로 인해 해당 계약에 차질이 생길 경우, 위약금을 지불한다.

→ 대표적으로 크리에이터가 편집본이나 최종본을 늦게 전달하거나, 업로드 기한을 지키지 않거나, 심지어 연락이 두절되는 경우가 있는데, 광고는 무조건 광고주 내부의 정해진 일정을 따라 행해지는 것임을 인지해야 한다.

제 4조【 광고료 지급 】

1) '갑'은 '을'의 상품에 대한 대급을 익월말에 지급한다.

→ 정확한 날짜를 기재해야 한다.

2) 지급 금액 : ○○만 원

→ '내 통장에 꽂히는 돈'이 얼마인지 반드시 확인해야 한다. 사업자가 아닌 크리에이터의 경우 원천세(3.3%) 포함인지, 사업자인 크리에이터는 VAT 별도인지 체크하자.

3) 만약 '갑'의 사정으로 취소될 경우, 각각의 진행 상황에 따라 아래와 같은 위약금이 발생한다.

① 기획안을 작성하기 전, 계약을 해지하는 경우 별도의 위약금은 없다.

② 기획안 전달 뒤 해지할 경우, 지급 금액의 50%를 위약금으로 지급한다.

③ 편집본을 전달한 뒤 계약을 해지할 경우, 지급 금액의 80%를 위약금으로 지급한다.

④ 업로드 전에 계약을 해지할 경우, 지급 금액의 90%를 위약금으로 지급한다.

→ 위약금 조항은 반드시 포함해야 한다. 각 과정에 대한 위약금 비율은 개인적으로 정하면 되지만, 크리에이터의 핵심은 '기획력'이니 기획에 대한 값을 꼭 받아야 한다.

4) 만약 '을'의 사정으로 취소될 경우, '갑'은 금액을 지급하지 아니하도록 한다.

→ 광고 제작 중 크리에이터가 사회적 물의를 일으키는 행위를 했다면 브랜드 입장에서는 광고 진행을 당장 중단해야 한다. 이는 크리에이터가 브랜드에 피해를 끼친 행위이니 광고주(대행사)는 크리에이터에게 지급금을 주지 않아도 된다. 크리에이터는 광고 영상 업로드 후 사회적 물의를 일으키는 행위를 했다면 지급금을 토해내는 동시에 손해배상금이 발생할 수도 있음을 인지하자.

제 5조 【 소유권 및 저작권 】

본 계약으로 인해 제작된 광고 영상은 '갑'과 '을'이 ~~공동~~으로 소유권 및 저작권을 갖는다.

→ 소유권과 저작권은 크리에이터에게 있다. 라이선스 상품 판매를 통해서 브랜드가 2차적으로 해당 광고 영상을 활용할 수 있도록 허가해주는 방식으로 해야한다.

제6조【 비밀 유지 】

'갑'과 '을'은 본 계약을 통해 제공받은 정보들에 대하여 비밀을 유지한다. 상대방의 동의 없이 제삼자에게 누설할 경우 본 계약은 종료되며, 그로 인해 발생하는 피해에 대해 책임 소재가 있는 당사자가 손해 배상을 한다.

→ 광고 영상을 업로드 하기 전에 "○○ 브랜드랑 이번에 광고하게 되었다"는 내용을 미리 공개하면 정보 유출이 될 수 있다.

제7조【 불가항력 】

천재지변이나 전쟁, 관련 법규의 변경 등으로 해당 계약이 진행되는 것이 불가능할 경우, 어떠한 책임도 지지 않는다.

제8조【 분쟁 해결 】

1) 본 계약에 규정되지 아니한 사항은 효력이 없다.

2) 분쟁이 발생되는 경우 '갑'과 '을'이 합의에 의하여 해결하는 것으로 하며, 이로써 해결되지 아니하는 경우엔 ○○○○법원을 전속적합의 관할 법원으로 한다.

→ 일반적으로 7조와 8조에 대한 내용은 필수적으로 들어간다.

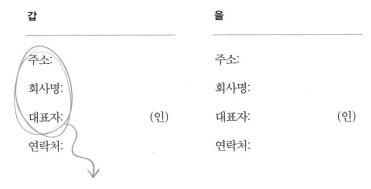

각 당사자는 위 계약을 증명하기 위하여 본 계약서 2통을 작성하여, 각각 서명(또는 기명) 날인 후 '갑'과 '을'이 각각 1통씩 보관한다.

20 년 월 일

갑

주소:
회사명:
대표자: (인)
연락처:

을

주소:
회사명:
대표자: (인)
연락처:

크리에이터와 커뮤니케이션하는 당사자가 대행사인지 광고주인지 알아야 한다. 메일 서명으로 온 회사명을 검색해서 찾아보자.

계약서는 광고주(대행사)에게 USP를 받기 전에 서로 합의를 거쳐 작성해야 한다. 계약서 내용을 꼼꼼히 살펴보고 합의가 필요한 부분은 꼭 요청하길 바란다. 계약서를 검토할 때 체크해야 하는 항목들을 다음 표에 정리했으니 참고하자. 작업은 계약서 날인을 완료하고, 날인 완료본을 받고 난 다음 시작하는 것이다. 작업이 끝났다고 해서 계약서를 버리지 말고 차곡차곡 모아두면, 이후 계약 시 참고할 수 있는 좋은 자료가 된다.

☑️ 광고 계약 시 상품별 체크리스트

공통 체크 사항	상품별로 구분한 다음 단가를 책정했는가?
	상품을 여러 개 구매 시 할인 혹은 서비스를 제공하는가?
	진행 일정에 대해 프로세스별로 상세히 체크했는가?
	판매 금액이 부가가치세(VAT)가 별도인지 확인했는가?
	정산 금액은 언제 입금되는지 확인했는가?
	'광고 심의'와 같이 법적으로 문제가 될 부분은 없는가?
	2차 활용(라이선스)을 따로 구매하는지 확인했는가?
	상품의 저작권 혹은 소유권, 지식재산권에 관해 확인했는가? 예) 브랜드 컬래버레이션 영상은 크리에이터 소유, 출연권은 브랜드/제작 　　사 소유 등
	위약금 항목에 대해 사전 조율이 완료되었는가?
	크리에이터의 역할과 광고주(대행사)의 역할을 명확히 나누었는 가? 예) 광고 제품을 추첨하여 나눠주는 이벤트 시, 당첨자 선정 및 결과 연락, 　　배송은 대행사의 역할이다.
	계약서상 용어나 항목이 애매하게 작성된 부분은 없는가?
	모든 상품마다 업로드 날짜나 행사 일자, 촬영 일자와 같이 주 요 일정에 대해 확인했는가?
	합의된 사항을 바탕으로 계약서를 수정했는가?
	날인이 완료된 계약서를 받은 다음 상품 기획 및 제작에 착수했 는가?
브랜드 컬래버레이션 (PPL)	기획안과 편집본, 최종본의 수정 횟수를 확인했는가?
	기획안과 영상 피드백 일정을 확인했는가?
	향후 진행 프로세스에 대해 사전에 합의가 되었는가?
	USP 가이드에 기반한 노출 문구, 노출 방식, 노출 시간에 대해 촬영 전 사전 합의가 이루어졌는가?

브랜드 컬래버레이션 (PPL)	외부적인 요인이 촬영 환경에 영향을 줄 경우, 기획안과 달라질 수 있음을 사전에 안내했는가?
	합의된 기획안을 통해 편집 시 재촬영이 불가능함을 안내했는가?
	영상 편집본과 최종본의 수정 범위에 대해 안내했는가?
	업로드 날짜와 시각에 대해 합의되었는가?
	내 채널 중 어떤 영상을 레퍼런스로 생각하는지 체크했는가?
	USP 가이드, 필수 노출 사항, 광고 제품에 대한 세부 사항(타깃, 소개 등), 참고 사항들을 명확히 전달받았는가?
	광고주(대행사) 측이 이야기한 USP 가이드에 대해 완벽히 이해했는가?
	크리에이터 채널에 크리티컬한 데미지를 입힐 수 있는 무리한 요청이 있는지 사전에 확인했는가?
	촬영 시 필요한 사항들에 대해 광고주 측에 사전 요청했는가?
	광고 영상 제작 시 실비가 발생한다면, 이를 포함하여 단가 협의가 이뤄졌는가?
	광고 영상 제작 시 광고주 측이 제공하는 정보 및 초상권 등에 대해 법적으로 문제가 없는지 확인했는가?
	크리에이터나 광고주 사정으로 일정 변경을 할 경우, 최소 2주 전에 협의해야 하는 부분을 안내했는가?
	진행 상황별로 드롭 시 발생하는 위약금에 대해 세부적으로 합의했는가?
	크리에이터의 연락 두절과 같이 크리에이터가 진행 일정을 지키지 못할 경우에 대해 보상 방안을 합의했는가?
	유료 광고 고지는 광고법상 반드시 지켜야 함을 안내했는가?
	크리에이터 각자마다 개인적으로 주의해야 할 사항을 안내했는가?

2차 활용 권한 상품의 공통 체크 사항	광고 영상의 소유권, 저작권, 지식재산권은 크리에이터 소유인 것을 확인했는가?
	광고 영상에 대한 2차 활용 여부를 확인했는가?
	2차 활용 상품별로 구분했는가?
	원본 제공은 힘들며, 링크를 단순히 끌어가는 형태로 가져가는 부분에 대해서는 무료로 가능한 것임을 확인했는가?
	2차 활용 기간에 관해 확인했는가?
	활용처를 확인하고, 활용처의 링크를 계약서상 명시하도록 했는가?
	계약된 2차 활용 기간을 넘어서 사용 시 위약금이 발생함을 안내했는가?
	2차 활용 상품을 무단으로 사용할 경우, 기간별 위약금을 정했는가?
편집 2차 활용 권한 (편집 라이선스)	편집 시 크리에이터 측에서 확인받는 것을 이야기했는가?
광고 2차 활용 권한 (광고 라이선스)	매체를 집행하는(광고를 돌리는) 플랫폼을 확인했는가?
커머스 2차 활용 권한 (커머스 라이선스)	구매 버튼(쇼핑 기능)이 있는 플랫폼에 사용 시 커머스 2차 활용 권한 상품임을 안내했는가?
인스타그램	삽입할 태그 개수를 합의했는가? (#ad 포함)
	이미지 포스팅 개수에 대해 합의했는가?
	릴스의 경우, USP 노출 길이 및 문구에 대해 합의했는가?
인스타그램 2차 활용 권한	인스타그램의 포스팅 및 릴스를 리그램할 때 인스타그램 2차 활용 상품임을 안내했는가?
	인스타그램 2차 활용 상품도 사용 기한과 리그램 계정을 확인했는가?

라이브	라이브 상황에 따라 변동 가능성이 있음을 안내하였는가?
	채팅에서 예상치 못한 상황이 발생할 수 있음을 안내하였는가?
	라이브 상품에서 노출 시간에 대해 합의했는가?
	라이브 중 USP에 관해 이야기하는 상품과 이를 하이라이트 형태로 편집해서 올리는 상품을 구분했는가?
	라이브 상품도 유료 광고 고지가 필요함을 안내했는가?
	라이브 커머스 진행 시 시청자에게 제공해주는 할인율에 대해 협의가 이루어졌는가?
쇼츠	쇼츠에서 USP 기반 노출 가능한 시간을 합의했는가?
	쇼츠 상품도 유료 광고 고지가 필요함을 안내했는가?
틱톡	챌린지 자체 안무에 대한 기획 요청이 들어오면 이에 대한 안무 창작비를 추가금 형태로 받았는가?
	틱톡이 제공하는 상업용 음원만 광고 영상에 쓸 수 있음을 확인했는가?
출연권	크리에이터와 광고주(혹은 제작사)의 역할을 명백히 나누었는가?
	크리에이터가 기획 혹은 대본 작성 시 이에 대한 추가금을 지급받기로 약속했는가?
	출연권의 경우, 제작 영상의 저작권, 소유권, 지식재산권이 광고주 측에 있는 것임을 확인했는가?
	출연권으로 제작된 영상이 업로드되는 곳(링크 필요)을 확인했는가?
	단순출연권인지, 출연권으로 제작한 영상을 매체 집행하는지(광고를 돌리는지) 확인했는가?
	촬영이 장거리라면 이에 대한 거마비를 지급받기로 약속했는가?
	촬영 시 하루(1day) 기준 최대 8시간 이내임을 확인했는가?

출연권	추가 촬영 시 추가금이 발생함을 안내했는가?
	크리에이터의 사전 준비 과정에서 실비가 발생한다면, 이를 청구할 수 있는지 확인했는가?
	노래나 랩을 위한 작사, 혹은 춤을 위한 안무 창작 시 이에 대한 추가금을 안내했는가?
	촬영 시작 시각과 종료 시각에 관해 확인했는가?
	미성년자의 경우 밤 10시부터 새벽 6시까지 촬영이 불가능함을 안내했는가?
	광고주(제작사) 측에서 제작한 출연권 영상은 크리에이터 채널에 올릴 수 없음을 안내했는가?
오프라인 행사	오프라인 행사 시 인스타그램 상품(이미지, 릴스)도 구매 희망하는지 확인했는가?
	현장 딜레이로 인해 추가 시간 발생 시 추가금이 발생함을 안내했는가?
	촬영 스튜디오를 위해 장거리 이동 시 거마비가 발생함을 안내했는가?
	오프라인 행사도 하루(1day) 기준 최대 8시간 이내임을 확인했는가?
	행사 시작 시각과 종료 시각에 관해 확인했는가?
	행사를 위해 헤어 메이크업, 의상이 필요할 경우, 이를 브랜드 측에서 제공해주거나 실비 청구할 수 있음을 확인했는가?
모델	카테고리 독점(배타적 사용)에 관해 확인했는가?
	모델 상품의 활용 범위와 기간에 대해 합의했는가?
	헤어 메이크업이 필요할 경우, 이를 브랜드 측에서 제공해주거나 실비 청구할 수 있음을 확인했는가?
	기간이 종료된 뒤에도 광고주 측이 레퍼런스와 같은 비영리적 목적으로 사용 가능함을 확인했는가?

모델	재촬영 발생 시 재촬영 조건에 대해 합의했는가?
	드롭되는 경우 위약금에 관해 확인했는가?
	모델 촬영을 통한 광고 영상의 경우 광고주 측에 저작권, 소유권, 지식재산권이 있음을 확인했는가?
	일정에 대해 사전 조율이 완벽히 끝났는가?
	촬영 시작 시각과 종료 시각에 관해 확인했는가?
	미성년자의 경우 밤 10시부터 새벽 6시까지 촬영이 불가능함을 안내했는가?
	촬영 스튜디오를 위해 장거리 이동 시 거마비가 발생함을 안내했는가?
커머스 (공구)	상품 완성 시 퀄리티에 대한 검수가 면밀히 이루어졌는가?
	브랜드 측과 크리에이터의 역할을 명확히 나누었는가?
	배송 사고에 대해 예방하고, 문제 발생 시 책임 소재에 대해 합의했는가?
	상품 문의나 배송에 대한 CS를 어떻게 처리할 것인지 확인했는가?
	제품의 환불 방식에 대한 정리가 완벽히 되었는가?
	재고 소진 방식에 대해 합의했는가?
	수수료에 대해 합의가 이루어졌는가?
	정산일이 언제인지 확인했는가?
	일정에 맞춰 브랜드 측의 제품 공급 혹은 크리에이터 측이 영상을 제작하지 못할 시 보상 방안에 대해 합의했는가?

크리에이터의 광고 상품은 여러 종류가 있는 만큼 계약 시 상품마다 체크리스트가 필요하다. 이는 크리에이터가 상품 판매 시 겪었던 공통적인 문제점에 기반하여 정리했다. 계약서 작성 전, 광고주(대행사) 측과 사

전 협의한 다음, 필요한 부분을 특약 조항처럼 작성하는 것을 추천한다. 광고 진행 시 비효율을 없애고, 사고를 최소화하는 수단이 되어줄 것이다. 위의 사항들 외에 자기만의 주의점이 있다면 추가해보길 바란다.

크리에이터 기반 시장은 2013년쯤 태동해서 이제 10년 정도 되었다. 시장은 아직 이렇다 할 기준이 명확히 서지 않은 미성숙한 상태다. 광고주와 크리에이터 사이에는 여전히 미스 커뮤니케이션이 빈번하게 일어나고, 이로 인해 문제가 발생했을 때 책임 소재도 불명확하다. 자칫하다가 비즈니스에 능숙하지 못한 크리에이터가 전부 떠안을 수 있으니 체크 리스트를 꼭 확인하자.

유튜브 비즈니스의 기본 1: 채널 소개서 만들기

비즈니스의 꽃은 영업이라고 했다. 크리에이터도 비즈니스를 하려면 영업을 해야 한다. 내가 어떤 상품을 가지고 있고 그 상품마다 어떤 특성과 효과가 있는지 광고주(대행사)에 소개하고 어필해야 한다. 크리에이터 수는 점점 더 늘어나고 있다. 수많은 크리에이터 중에서 광고주의 눈을 사로잡을 만한 나만의 치트키가 필요하다.

영업의 기본은 소개서다. 크리에이터가 팔 수 있는 상품이 무엇이 있는지 일목요연하게 정리해보자. 그동안 비즈니스를 하면서 반복적으로 말했던 내용들과 채널 소개, 각 상품별 단가 및 어떻게 진행하는지 등을 넣으면 된다. 상품 소개서는 한번 만들어놓으면 광고 제안을 받을 때마다 문장을 쪼개 일일이 점검하고 대답해줘야 하는 수고를 덜 수 있다. 덤으로 상품 소개서가 있는 크리에이터는 비즈니스를 할 준비가 되었다는 인상을 주며, 채널에 대한 신뢰도도 올라간다.

　다음은 가상의 크리에이터를 설정해서 상품 소개서에 들어가야 할 사항들을 정리한 것이다. 이를 토대로 자신만의 상품 소개서를 만들어보자. 소개서 형식은 공유되기 쉽도록 PDF 파일이 가장 적합하며, 이해하기 쉽게 이미지나 링크를 활용하면 좋다.

사전 배경

레시피 카테고리 채널을 운영하는 크리에이터로, 30년간 식당을 운영하고 있어 자신만의 레시피 노하우를 가지고 있다. 메인 타깃은 자취생과 사회 초년생이며, 이들을 위한 가성비 있으면서 맛도 좋고 방법도 쉬운 간편식을 위주로 한다. 콘텐츠명은 '5분 자취생 레시피'다. 서브 콘텐츠로 친근한 동네 식당 아저씨 이미지를 살려 구독자를 스튜디오에 초대해 맛있는 안주와 술 한잔과 함께 인생살이가 고달픈 이들에게 위로를 전하는 '야반도酒' 콘텐츠도 진행하고 있다. 입담이 좋아서 인기가 많은 편이다.

지금부터 설명할 각각의 항목들이 한 페이지씩을 채우고 있어야 함을 명심하자. 예컨대 1번인 '채널 소개'가 1페이지, 2번인 '타깃 설명'이 2페이지 전체를 구성하는 식이다. 상품 소개서는 최소 10페이지로 완성하는 것이 좋다.

1. 채널 소개

채널의 메인 카테고리와 함께 채널을 보여줄 수 있는 한 줄 요약, 대표 이미지 삽입은 필수다. 채널을 하는 이유, 목적, 메시지 등을 추가로 기재 해주면 된다. 공적 지표와 사적 지표를 통해 수치적인 성과를 보여주면 좋다(예: 구독자수, 평균 조회수, 시청 완료율, 영상 길이, 평균 시청 지속 시간, 좋아요수, 댓글수 등).

〈예시〉

"30년간 식당을 운영한 노하우로
동네 아저씨가 친근하게 알려주는 초간단 레시피"

✓ 물가가 치솟는 요즘, 집에서도 알뜰하게 맛있는 요리를 순식간에 만들 수 있습니다.

✓ 구독자수 32만, 평균 조회수는 10~15만!

✓ '5분 자취생 레시피' 영상의 경우 시청 완료율이 60%!

✓ 8분짜리 '야반도酒'는 시청 완료율은 25%지만 압도적인 인게이지먼트 보유!

2. 타깃 설명

광고주에게 제공해야 할 시청자 데이터는 연령대, 성별, 국내와 글로벌 뷰로, 유튜브 스튜디오에서 제공하는 자료를 활용하면 된다.

3. 콘텐츠 소개

만들고 있는 콘텐츠 중 주력 콘텐츠를 2~3개가량 뽑아 콘텐츠에 대한 전반적인 내용과 콘텐츠를 통해 얻고자 하는 부분을 설명하면 된다.

〈예시〉

▶ 콘텐츠명: 5분 자취생 레시피

✓ 자취생들도 쉽게 따라 할 수 있는 초간단 레시피

✓ 식재료는 무조건 1만 원이 넘지 않는 선에서 활용

✓ 자취생의 집밥 카테고리에서 전문성과 신뢰도를 확보하고자 함

▶ 콘텐츠명: 야반도酒

✓ 구독자 중 고민 있는 분을 초대해 직접 만든 야식과 술을 대접하며 위로를 전하는 콘텐츠

✓ 구독자와 관계를 쌓고 친근감 있는 모습을 보여주고자 함

4. 차별화 포인트

나만이 가진 고유한 강점을 설명한 뒤, 이를 통해 광고주가 얻을 수 있는 효과를 쓰면 된다. 광고주의 기대 효과가 어려우면 차별화 포인트만 기재해도 상관없다.

〈예시〉

① 30년간 식당을 운영하며 다양한 요리 경력 갖춤

➡ 어떠한 제품군이든 나만의 레시피를 개발하여 적용 가능

② '가성비 있고, 쉽고, 맛있는' 레시피로 많은 시청자가 따라 하고 있음

➡ 시청자 행동을 유발할 정도의 강력한 영향력 보유

③ 자취생 집밥 카테고리에서 전문성 보유함

➡ 제품의 USP를 신뢰도 있게 전달 가능

④ 때로는 동네 아저씨처럼 친근하게, 때로는 인생의 멘토처럼 쓴소리를 할 줄 아는 캐릭터로 팬들과 친밀도가 높음

➡ 친근감을 기반으로 한 광고 영상 제작 가능

⑤ 오프라인 팬미팅 시 모객력이 높음

➡ 브랜드의 오프라인 프로모션 행사에 적합

5. 기본 상품

상품별로 광고주가 반드시 알아야 할 사항을 기재해주면 좋다. 간혹 어떻게 진행될지 예상할 수 없어 단가를 잡기 어려운 경우도 있으니 이럴 때는 별도로 협의하길 바란다.

6. 브랜드 컬래버레이션 진행 프로세스

메인 상품의 진행 프로세스는 추가로 최대한 상세하게 기재하는 게 좋다.

상품명	단가 (만 원)	상품 설명	체크사항
브랜드 컬래버레이션	1,200	제품에 대한 떡밥을 던지고 자연스러운 상황을 만들어 최대한 거부감 없이 브랜드의 USP를 잘 포함하는 상품	제품은 영상 전체 길이의 30~50% 노출
PPL	600	USP를 대놓고 언급하는 상품	노출 시간은 30초~1분 30초
오프라인 행사	200	오프라인 행사에 참여하는 상품	인스타그램 이미지 상품과 묶음으로 구매 시 250만 원에 진행 가능
출연권	300	브랜드 채널에 출연하는 상품	브랜드 출연권 상품에서 레시피 개발을 요청할 경우 별도 추가금 발생
인스타그램	이미지 100	제품 이미지 1컷, 제품을 활용하는 이미지 2컷, 총 3컷으로 진행하는 상품	릴스는 별도로 진행하지 않음
커머스 상품	수수료 별도 협의	제품 판매 목적으로 진행하는 상품	유튜브 쇼핑 기능과 연동 해 라이브 커머스도 가능

7. 2차 활용 상품

상품별로 단가, 특징, 체크사항을 기재하면 된다. 2차 활용 상품은 3개월 문의가 대부분이라 3개월 단가만 써도 무방하다. ○개 이상 구매 시 해당 단가의 ○○% 할인 제공과 같은 혜택을 추가로 넣어주면 좋다.

상품명	단가 (만 원)	특징	체크사항
커머스 2차 활용	3개월 200 6개월 350 12개월 500	구매 페이지가 있는 곳에 사용하는 라이선스 상품	활용처 확인
편집 2차 활용	3개월 75 6개월 120 12개월 200	브랜드 컬래버레이션 영상의 추가 편집이 가능한 라이선스 상품	브랜드 측 편집본 공유
광고 2차 활용	3개월 150 6개월 250 12개월 400	광고 매체 집행 시 필요한 라이선스 상품	활용 플랫폼 확인

8. 레퍼런스

광고주(대행사)가 참고할 만한 일반 영상과 광고 영상을 최소 두 개 정도 넣어주는 게 좋다. 소개서 파일에서 바로 영상에 접속 가능하도록 링크를 연결해두자. 유튜브 채널 기반 상품 외에 다른 주력 상품이 있다면 참고자료로 추가해도 된다.

9. 추천 광고주

크리에이터 카테고리에서 소화할 수 있는 모든 제품군을 기재해야 한다. 만약 레시피 카테고리에서 활동하고 있다면 밀키트, 인스턴트 식품, 식자재, 푸드 관련 쇼핑 플랫폼, 주방용품, 가전제품, 주류와 안주, 프렌차이즈 브랜드 등이 있다.

10. 기타

마지막으로 크리에이터의 개인적인 성격이나 라이프 스타일 등 광고주
(대행사)가 참고했으면 하는 내용들을 기재하면 된다.

〈예시〉

- ✓ 급박하게 진행되는 건은 어렵습니다. 광고 상품 문의는 최소 2~3주 전에 연락 부탁드립니다.
- ✓ 시청자와 이야기하는 것을 좋아하지만, 다른 크리에이터와의 협업은 어렵습니다.
- ✓ 오전에는 연락이 잘 안 된다는 점 양해 바랍니다.
- ✓ 집과 스튜디오 외에 다른 곳에서의 촬영은 어렵습니다.

2가지 사례로 보는
브랜드 컬래버레이션

상품 소개서를 보고 메인 상품인 브랜드 컬래버레이션 제안이 들어왔다. 어떻게 진행하면 좋을까? 브랜드 컬래버레이션을 잘한 사례를 통해 어떻게 브랜드 컬래버레이션 영상을 만드는지 알아보자.

먼저 **빵송국** 채널의 이호창 본부장이 2021년 4월에 진행한 매일유업 바리스타룰스 커피 브랜드 컬래버레이션 광고다. 이호창 본부장은 개그맨 이창호의 부캐로 재벌 3세, 해외에서 경영 공부를 한 초엘리트 기업인이다. 그가 근무하는 회사는 김 제조업체인 '김갑생할머니김'이다.

바리스타룰스 브랜드 컬래버레이션 광고는 김갑생할머니김 미래전략실 본부장이라는 직급에 맞춰 전략적 제휴를 하기 위해 그가 커피 공장을 시찰하는 상황으로 시작한다. 공장에 들어가기 전 브랜드 담당자가 광고 제품에 대해 간단하게 설명하자 본부장은 매일유업의 브랜드 철학을 자신의 캐릭터에 맞게 "매일 마시고 싶어서 매일유업인 것 같습니다"라면서 아재 개그로 받아친다.

본부장이 위생복을 입고 직접 제조 시설을 둘러보면, 음료 연구 그룹장이 커피 제조 공법에 대해 설명하면서 USP를 노출한다. 이후 브랜드 신제품 프레젠테이션 현장으로 이동해 자연스럽게 새롭게 출시된 제품을 소개하는데, 딱딱한 광고 영상이 되지 않도록 본부장은 "커피를 만들면서, 코피를 흘려본 적이 있는 사람 손 들어보세요"라며 또 한번 아재 개그를 날린다.

프레젠테이션이 끝나고 본부장이 원두 향을 직접 맡고, 제품을 옆에 놓은 채로 다시 한번 바리스타룰스의 특장점을 강조한다. 영상은 본부장이 김실장에게 전화를 걸어 내일부터 회의실에 바리스타룰스를 넣어달라고 요청하는 장면으로 끝난다. 마지막까지 크리에이터의 색을 잃지 않으면서 제품 홍보도 잊지 않았다.

두 번째는 **빠더너스 BDNS** 채널에서 문상훈이 2022년 2월 진행한 네이버의 웨일 브라우저 클로바노트 광고다. 광고는 문상훈이 네이버 인턴이 되어 첫 출근하는 상황으로 시작한다. 뿌듯한 마음으로 사원증을 목에 걸고 웰컴 키트를 받는다. 그리고는 웰컴 키트에 쓰여있는 네이버의 브랜드 철학을 읽어본다. "우리에게 사용자는 가장 중요한 기준이고 규칙입니다." 네이버가 고객에게 전하고자 하는 바를 직접적으로 보여주지만, 전혀 이질감이 느껴지지 않는다.

문상훈은 인턴이라는 역할에 맞게 회의를 위한 자료 조사 업무를 맡게 되는데, 네이버 브라우저인 웨일의 도움을 받는다. 웨일로 자료 조사

여러분 웨일 쓰시면 오른쪽 창에서 바로 네이버 웹툰 볼 수 있어요 ㅋㅋ
오늘 금요일이니까 오늘 올라올게 뭐가 있으려나

네이버 브라우저 웨일만의 멀티태스킹 기능을 업무 시간에 몰래 웹툰 보는 것
을 통해 위트있게 보여준 문상훈.

하는 방법을 보여주면서 쾌적한 속도는 물론 맞춤법 검사, 이모티콘, 파
파고 등 유용한 기능과 함께, 한 브라우저 내에서 웹 서핑과 웹툰 감상
등을 동시에 실행할 수 있는 웨일의 장점을 보여준다. 회의가 시작되고
회의록 작성을 위해 문상훈은 네이버의 클로바노트 앱을 실행한다. 녹음
만 하면 클로바노트가 자동으로 텍스트로 변환해서 회의록을 만드는 모
습이 나온다. 그리고 그는 이 점을 강조하기 위해 "(회의록을) 그대로 들려
드릴까요? 아니면 텍스트로 전달해 드릴까요?"라는 멘트를 던진다. 광고
영상이지만 제품을 사용하고 언급하는 모습이 물 흘러가듯 자연스럽게
느껴진다.

   자칫 딱딱해 보일 수 있는 분위기를 보완하기 위해 웨일 브라우저
로 자료 조사하는 척하면서 웹툰을 몰래 보거나 회의록에 혼잣말로 했던
'회의가 책상에만 앉아서 하는 탁상공론이다'라는 것까지 녹음되는 상황
을 연출하는 등 시청자의 공감과 웃음 포인트를 놓치지 않았다. 이 광고
영상은 출근길에 샀던 복권에 당첨되었다는 착각으로 기뻐하는 모습을
보여주며 끝나는데, 이 역시 직장인이라면 누구나 꿈꾸는 상황을 그려내

마지막까지 시청자에게 유쾌한 공감을 선사한다.

이 두 광고의 공통점은 모두 '자연스러운 상황'을 만들어냈다는 점이다. 본부장이라는 캐릭터에 맞게 사업 제휴 목적으로 커피 공장과 프레젠테이션 현장을 방문하고, 인턴의 첫 출근이라는 상황을 통해 브랜드가 말하고자 하는 바와 제품의 USP를 반복적으로 언급하는데도 전혀 이질감이 안 느껴진다. 무엇보다 캐릭터의 특징을 살려 재미와 위트를 영상 곳곳에 배치하여 오히려 시청자들의 이탈을 줄였다. 본부장과 인턴이라는 전혀 다른 캐릭터지만 직장인이라면 회사에서 마주쳤을 법한 상황과 캐릭터를 멘트와 행동을 통해 잘 보여줬다.

이것이 바로 거부감 없는 광고를 만드는 법이기도 하다. 중간중간 분위기를 풀어주는 장면들 덕분에 시청자가 중간에 이탈하지 않고, 시청 완료율도 올라갔다. 알고리즘은 해당 영상이 광고 영상인지, 오리지널 영상인지 구분하지 않으므로 광고 영상도 평균 시청 지속 시간이 길수록 좋다. 참고로 이호창과 바리스타룰스의 컬래버레이션 영상 광고의 조회수는 140만, 댓글수는 5,600, 좋아요수는 2.9만에 육박한다. 문상훈과 네이버 클로바노트의 경우도 마찬가지다. 조회수는 160만, 댓글수는 1,200, 좋아요수는 1.9만이다. 이는 광고가 아닌 일반적인 크리에이터의 영상보다도 훨씬 높은 수치다.

이를 참고해 브랜드 컬래버레이션 영상을 제작해보자. 자연스럽게 제품을 영상에 녹일 수 있는 상황을 기획하고, 그 상황 속에 브랜드 철학, 제품과 서비스의 USP를 넣어보는 것이다. 영상 중간중간에 나만의 색깔을 보여줄 수 있는 재미 요소와 연결한다면 금상첨화다.

유튜브 비즈니스의 기본 2: 결과 리포트 만들기

크리에이터 비즈니스를 전개할 때 잊지 말아야 할 태도는 나의 고객인 광고주(마케터)와 대행사도 결국 직장인이라는 사실이다. 그들이 나와의 비즈니스를 위해 사용하는 예산은 그들이 근무하는 기업의 회삿돈이다. 돈을 어디에 어떻게 사용했고 성과는 얼마나 나왔는지를 보고해야만 하는 입장이다. 크리에이터 한 명과 광고 영상 하나를 진행하더라도 그 성과에 대한 보고서가 필요하다.

고객(광고주, 대행사)이 나에게 광고 영상을 의뢰했다면, 내가 만든 광고 영상이 어떤 결과를 냈는지 보고하는 것까지가 나의 업무다. 해당 영상이 일궈낸 성과들은 유튜브 스튜디오에 사적 지표로 기재되어 있기 때문에, 광고주나 대행사 쪽에서는 확인할 방법이 없고 오직 크리에이터만 볼 수 있다. 내가 먼저 나서서 비즈니스의 성과를 알려줘야 한다는 뜻이다.

그렇다면 성과 보고서를 어떻게 작성해야 할까? 대부분의 크리에이터는 보고서 작성에 익숙하지 않아 이를 어려워하지만, 요즘은 유튜브 스튜디오처럼 분석해주는 기능들이 잘되어있어 이를 확인하고 간략하게 정리만 하면 된다. 분량이 많을 필요도 없다. 원페이지로 작성해 한 눈에 파악되도록 하는 게 더 중요하다.

뒤에 나오는 표는 리포트에 들어가야 할 항목들을 정리한 것이다. 각 항목별 데이터들은 전부 유튜브 스튜디오의 분석 탭에서 쉽게 확인할 수 있는 사적 지표다. (업데이트에 따라 유튜브 스튜디오의 인터페이스는 바뀔 수 있으나, 사적 지표명은 바뀌지 않으니 참고하자.)

1. USP 또는 캠페인 목적

회사의 보고서는 중요한 사항이 가장 먼저 나와야 한다. 결과 리포트에서 가장 중요한 것은 광고주의 USP 또는 캠페인 목적과 그에 맞게 브랜드 컬래버레이션 영상이 어떤 성과를 냈는지다. 그러므로 서두에는 USP를 직접 기재하거나 브랜드 인지도 확보, 구매 전환, 정밀한 타기팅 등 캠페인 목적을 기입해야 한다.

2. 기본 정보

본론에서는 가장 먼저 크리에이터명과 구독자수 등 기본 정보를 작성하고, 최근 3개월 내(최소 영상 12개 정도) 평균 조회수를 적자. 브랜드 컬래버레이션 영상 제목도 잊지 말자. 결과 리포트 작성은 유튜브 스튜디오를 활용하면 쉽다. 브랜드 컬래버레이션 영상을 클릭한 다음, 막대그래프

모양의 '분석'으로 들어가 오른쪽 상단에서 측정 기간을 설정하면 된다. 그리고 나서 동영상 분석의 대분류 항목인 '도달범위', '참여도', '시청자 층'을 기준으로 하나씩 작성하면 된다.

3. 도달범위

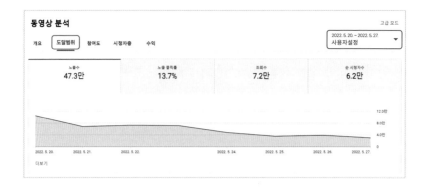

예시에서 측정 기간을 일주일로 잡는 이유는 영상을 업로드하면 보통 3~4일 뒤에 노출량이 급격하게 떨어지기 때문이다. 물론 외부적인 요인 으로 알고리즘의 축복을 받아 조회수가 역주행하는 경우도 있지만, 광고 주가 궁금한 것은 광고주와 협의하여 업로드하기로 한 날짜, 즉 캠페인 을 시작한 뒤 시청자에게 얼마나 도달했는지이므로 해당 기간의 노출수,

외부 사이트 또는 앱		YouTube 검색어	
조회수 · 게시 이후		조회수 · 게시 이후	
전체 트래픽 대비 비율:	0.7%	전체 트래픽 대비 비율:	5.8%
Google Search	53.5%	이연복 계란덮밥	28.0%
YouTube	15.4%	계란덮밥	15.7%
naver.com	4.7%	이연복	7.6%
KakaoTalk	2.7%	계란요리	3.7%
Google	2.0%	톈신황	2.3%
더보기		더보기	

노출 클릭률, 조회수를 기재하면 된다.

'도달범위'에서 추가로 확인할 수 있는 것은 어느 웹사이트에서 유입되었는지다. 이는 트래픽 소스 중 '외부'로 표시되는데 대부분 1% 미만이다. 구글이나 네이버, 다음과 같은 검색 포털이나 페이스북이나 인스타그램 같은 SNS에서 들어온다. 특정 커뮤니티에서 해당 브랜드 컬래버레이션 영상이 화제가 되어 들어오는 경우도 종종 있다. 특정 커뮤니티가 광고주에게 의미 있는 커뮤니티라면 기재하는 게 좋다.

마찬가지로 어떤 검색어로 들어왔는지 알 수 있는 '유튜브 검색어' 항목도 있다. 트래픽 소스 중 '검색'을 통한 트래픽 발생량은 보통 10% 정도라 의미 있는 지표다. 검색어 중 광고주의 브랜드나 제품이 직접 언급되었고 이 수치가 크다면, 브랜드 컬래버레이션 성과를 보여줄 수 있는 지표로 사용할 수 있다.

4. 참여도

참여도의 경우, '좋아요수'와 '공유수', '댓글수'가 있다. 이는 유튜브 스

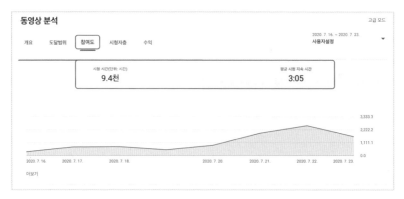

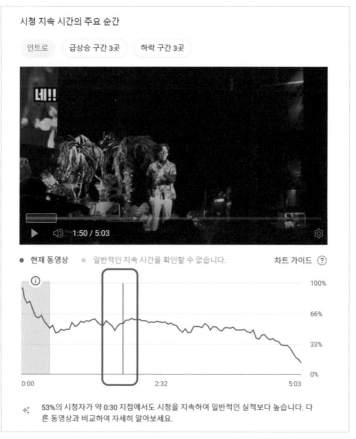

튜디오의 '콘텐츠' 탭에서 확인할 수 있다. 여기서 해당 동영상 분석을 클릭해 '참여도' 탭에 들어가면 '시청 시간(단위: 시간)'과 '평균 시청 지속 시간'이 나온다. 사람들이 해당 영상을 총 몇 시간 봤는지 알 수 있다. 누적 시청 시간인 셈이다. 평균 시청 지속 시간을 기재할 때는 '영상의 전체 길이'와 '시청 완료율'도 같이 적어야 한다.

유튜브 스튜디오는 참여도 탭에서 '시청 지속 시간의 주요 순간'도 보여주는데, 기본적으로 모든 영상은 중간에 시청자가 이탈하므로 끝으로 갈수록 시청 지속 시간이 떨어진다. 전체 영상에서 올라가는 구간이 있는데, 이때가 광고주의 제품을 노출한 경우라면 브랜드 컬래버레이션의 성과를 보여줄 수 있는 지표가 될 수 있다.

5. 시청자층

해당 영상을 본 시청자에 대한 세부 데이터는 필수다. 이는 '시청자층' 탭에 들어가면 확인할 수 있다. 광고주 제품의 메인 타깃과 서브 타깃이랑 일치하는지 보여주면 된다. 이때 연령과 성별, 국내와 글로벌 뷰는 반

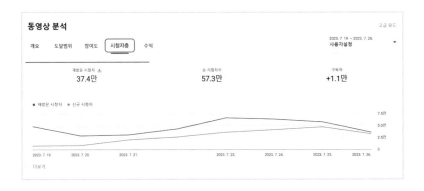

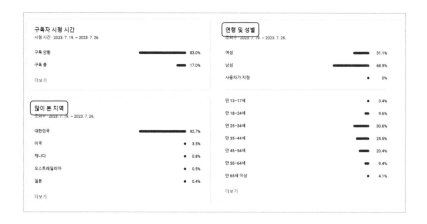

드시 보여줘야 한다.

1번부터 5번까지는 유튜브 스튜디오의 사적 데이터를 바탕으로 작성한 정량적인 지표다. 마지막으로 정성적인 지표도 추가해주면 더 좋다.

6. 정성적인 지표

광고주는 제품이 영상 내에 어떻게 노출되는지를 가장 궁금해하므로 해당 제품이 노출된 장면을 캡처해서 전달해야 한다. 최소 2~3가지 장면을 보여주는 걸 추천한다. 이 중 하나는 자연스러운 상황 연출로 제품을 노출했다는 점을 보여줄 수 있는 걸로 선택하자.

　댓글도 중요한 지표다. 광고 영상을 본 시청자들의 직접적인 반응을 확인하기에 좋다. 제품을 직접 언급한 긍정적인 댓글은 캡처해서 광고주에게 함께 전달하자. 광고주의 만족도를 높이는 데 도움이 될 것이다.

7. 캠페인 성과 요약

마지막 결론에는 이 모든 것을 요약정리해 기재하면 된다. "1. 이번 광고의 USP 혹은 목적은 이것으로, 2. 도달범위, 참여도, 시청자층과 같은 측정 항목과 댓글을 고려했을 때, 3. 결론은 이러이러하다"라고 말이다.

예를 들어 인지도 확보가 목표라면 '도달범위' 지표를 활용하되 댓글을 추가적인 근거로 활용하면 되고, 구매 전환이나 앱 다운로드수처럼 특정 행동을 유발하는 것이 캠페인 목적이라면, 추적 가능한 링크를 광고주를 통해 받는 것을 추천한다. 받은 링크를 통해 발생한 값을 추가로 요청해서 '참여도' 지표와 "오, 저도 구매하러 가야겠네요" 혹은 "다운로드 받으러 가요"와 같은 댓글을 같이 보여주는 것이다. 그리고 '참여도 지표와 댓글을 고려했을 때, 구매 전환에 성공적인 캠페인으로 사료됨'이라고 결론을 정리하면 된다. '시청자층' 지표는 타겟팅과 관련 있는 지표이니 '영상의 시청자층 데이터(18~24세가 33%, 25~33세가 41%, 여성이 89%)를 고려했을 때, 제품의 메인 타깃인 2030 여성에게 정밀하게 타기팅됨'이라고 하면 된다. 이런 경우는 조회수가 폭발적으로 나오지 않아도 메인 타깃에 정밀하게 들어간 것이니 준수한 성과라고 할 수 있다.

이처럼 각 데이터의 항목에서 잘 나온 항목들을 광고주의 캠페인 목적이나 타깃 등에 맞춰 작성하면 된다. 물론 성과가 잘 나오지 않을 때도 있다. 그렇다고 결과 리포트를 허위 혹은 과장해서 작성하면 안 된다. 이는 또 다른 광고 사기로, 결국에는 인플루언서 산업 자체를 좀먹는 일이 된다.

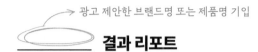

광고 제안한 브랜드명 또는 제품명 기입

결과 리포트

1. 캠페인 목적: 신제품을 널리 알리기 위함(인지도 확보)

↳ 광고주의 USP를 기재하거나, 브랜드 컬래버레이션 영상의 목적을 기재

2. 기본 정보

기본 정보	크리에이터명	○ ○ ○
	구독자수	32만 명
	채널 평균 조회수	10~15만 회
	영상 제목	———————
	영상 업로드일	2023년 3월 8일 저녁 6시
	측정 기간	2023년 3월 8일~2023년 3월 15일

영상 데이터 측정 기간은 최소 일주일이며, 일반적으로 업로드 직후~1주일 또는 업로드 직후~2주일 정도를 측정함. 제품을 자연스럽게 노출하기 위해 떡밥을 던진 장면을 삽입해도 됨

3번부터는 유튜브 스튜디오의 '콘텐츠' 탭을 참고해 작성

3. 도달범위

도달범위	노출수	45.6만 회
	노출 클릭률	13.7%
	조회수	8.2만 회
	외부 사이트/앱	
	유튜브 검색어	

외부 사이트와 앱은 어디서 해당 영상이 바이럴되었는지 알기 위함이고,
검색어는 어떤 검색어를 통해 해당 영상으로 유입됐는지 알기 위함

4. 참여도

참여도	좋아요/공유/댓글수	1,054개 / 134회 / 112개
	영상 길이	10분 5초
	평균 시청 지속 시간	1분 48초
	시청 완료율 (=평균 조회율)	16.8%
	시청 시간 (단위: 시간)	2,500시간

5. 시청자층

시청자층	성별	남성 60.5% / 여성 39.5%
	연령	25~34세 34.7% 18~24세 25.2% 35~44세 23.6%
	많이 본 지역	대한민국 96.2%, 미국 0.4%, 일본 0.3%

> 지역과 연령은 높은 순서대로 최소 세 개씩 기재

6. 정성적인 지표

> 제품 및 광고 영상에 대해 긍정적인 댓글을 5~6개 정도 캡처해 광고주가
> 시청자의 반응을 볼 수 있도록 함

7. 캠페인 성과 요약

해당 광고 영상은 ⬭을 참고했을 때, 성공적인 캠페인으로 판단됨

기본 정보, 도달범위, 참여도, 시청자층에서 캠페인 목적과 부합하는 항목들을
찾아 성과 기재. 만약 성과가 미흡하다면 이유를 기재하고 이를 보완하기 위한
방법을 기재

크리에이터 비즈니스 구조의
한계점

우리나라 광고는 주로 종합 광고대행사에서 진행한다. 대기업의 경우 광고 예산이 수십억에서 수백억이 될 만큼, 기업에서는 광고를 마케팅의 주요 수단이자 효과가 가장 큰 마케팅 방법이라고 믿는다. 때문에 기업 내에서 해결하기보다는 전문가, 즉 종합 광고대행사에 맡기는 경우가 많다. 종합 광고대행사는 TV 광고뿐 아니라 디지털, 인쇄, 옥외, 라디오, 유튜브 등 모든 매체를 활용한다. 그렇다 보니 더욱더 종합 광고대행사에 의지하게 될 수밖에 없는 구조다.

그렇다면 종합 광고대행사는 이렇게 많은 광고 물량을 받으면 무엇부터 할까? 바로 수익을 따져 우선순위를 정하는 일이다. 여러 광고 중 가장 큰 금액의 돈이 오가는 작업은 TV 광고다. 유명 연예인들이 광고 모델료로 수억 원을 받는다는 이야기는 다 알고 있을 것이다. 그에 비해

크리에이터 비즈니스 기본 구조

크리에이터의 브랜드 컬래버레이션은 수천만 원 정도다. 종합 광고대행사 입장에서도 시간을 투자해야 한다면 당연히 TV 광고를 더 선호할 것이다. 유튜브와 같은 업무들은 결국 중소대행사에 넘어가게 된다.

중소대행사도 마찬가지다. 여기서도 규모가 큰 건부터 처리하고 매출이 적은 것들은 소규모(1인) 대행사에 넘긴다. 결국 광고주와 크리에이터 사이에는 거쳐야 하는 단계가 많은 구조가 된다. 때문에 광고주의 의도를 잘못 이해하거나 사소한 부분을 빠트려 전달하는 등 미스 커뮤니케이션이 발생할 가능성이 다분하다.

크리에이터 입장에서도 똑같다. 광고를 진행하면서 궁금한 사항들을 물어보려면 같은 과정을 거꾸로 거쳐 의사소통해야 한다. 물리적으로 피드백이 오래 걸릴 수밖에 없는 구조다. 문제는 이는 기본 구조일 뿐, 현실에서 보면 그사이에 세부적인 단계들이 더 촘촘히 들어가 있다는 것이다. 대행사가 담당한 광고 수만 해도 수십 개고, 예산 처리 과정에 필요한 컨펌 단계 또한 실무자 → 팀장 → 상무 등 어느 하나 간단한 게 없다.

크리에이터가 광고주의 USP를 전달받아 기획안을 작성하고, 피드백 받고, 다시 수정해 광고주의 최종 컨펌을 받았다고 해도, 이후 본 촬영부터 이러한 과정을 다시 거쳐야 한다. n차 편집 영상과 피드백을 거쳐야만 최종본 컨펌이 완료되어 업로드할 수 있다. 미스 커뮤니케이션과 피드백 지연은 기본값처럼 느껴질 것이다. 그렇다면 미스 커뮤니케이션과 피드백 지연으로 발생하는 문제에 대비하기 위해 크리에이터가 할 수 있는 것은 무엇일까?

첫째, 전부 기록으로 남겨놓아야 한다. 애매한 부분을 재문의한 것뿐만 아니라 광고주 및 대행사와 합의된 부분이 메신저나 메일에 남아 있어야 문제가 생겼을 때 근거로 사용할 수 있다. 예를 들면 기획안을 기반으로 촬영하고 편집본까지 전달했는데 광고주 측에서 생각한 것과 다르게 나왔다며 컴플레인했을 때, 서로 합의한 부분이고 그에 따라 제작한 것임을 입증할 수 있는 자료를 그동안의 기록에서 찾아서 보여줘야 한다. 문제가 터지면 책임 소재를 분명히 할 증거가 필요하다. 통화로 나눈 내용도 정리해서 메신저나 메일로 다시 한번 보내야 한다.

둘째, 계약서에 특약 조항으로 피드백 기한을 기재해야 한다. 크리에이터는 대부분 고정적인 유튜브 업로드 스케줄이 있다. 업로드 시간은 크리에이터와 시청자 간의 약속이기도 하다. 광고주는 단순히 검토가 늦어지는 것일 수 있어도 크리에이터는 영상이 올라가야 하는 시점에 영상을 못 올리게 되면 시청자와의 약속을 어기는 꼴이 된다. 일주일에 최소 1개의 영상을 업로드하는 크리에이터가 피드백 지연으로 2주 만에 영상을 올린다면 채널 유지 가능성이 그만큼 떨어지게 된다.

이런 일을 방지하기 위해 계약서상에 '피드백은 기획안 or 편집본 전달 후, 영업일 기준 3일 안에 전달해준다'처럼 기일을 명확하게 지정하는 게 좋다. 광고주도 왜 합의된 날짜에 꼭 피드백이 완료되어야 하는지 크리에이터의 업무적 특성을 이해하고 크리에이터가 업로드할 수 있도록 제때 처리해줘야 한다. 구조를 바꾸는 건 불가능하지만, 한계를 보완할 수 있는 대책은 마련해두는 게 좋다.

5

크리에이터 멘탈 관리법

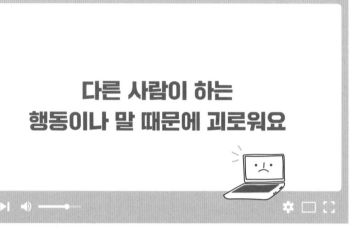

'크리에이터'라는 직업은 취향 비즈니스이자 관계 비즈니스다. 시청자, 광고주, 대행사, MCN 등 여러 사람과 관계를 맺으며 일해야 한다. 현실에서의 인간관계가 늘 어렵듯 크리에이터로 일할 때도 인간관계에서 많은 어려움을 경험하게 된다. 다만 크리에이터가 마주하는 문제들은 얼굴도 모르는 사람들 혹은 출처도 모르는 말에 의한 것이라 일반 직장인이 겪는 인간관계 문제와는 그 궤를 달리한다.

모르는 사람의 '악플'

댓글은 크리에이터가 가장 스트레스 받는 부분이다. 성격에 따라 댓글을 아예 안 보는 사람도 있지만, 이 일을 하려면 댓글은 챙겨봐야 한다. 내 영상에 대한 가장 직접적인 반응으로 그 안에서 신규 콘텐츠 기획과 관련된 아이디어도 얻을 수 있기 때문이다. 무엇보다 시청자와 소통하는 것은 크리에이터가 갖춰야 하는 가장 중요한 덕목 중 하나다. 구독자수가 100만 명을 넘어도 한결같이 시청자의 궁금증에 답변해주고 좋아요를 눌러주는 크리에이터가 사랑받을 수밖에 없다. 그렇다고 해서 악플까지 받아들이라는 것은 아니다. 관리를 통해 내 정신 건강을 해치지 않으면서 유용한 방향으로 이용해야 한다.

첫째, 자동 필터링 기능을 사용하자. 유튜브 스튜디오를 보면 왼쪽 하단에 톱니바퀴 모양의 '설정' 탭이 있다. 여기에 들어가 '커뮤니티' 탭을 클릭하면 첫 번째로 '자동화 필터' 페이지가 보인다. 이 항목들 중 '차단된 단어'에 악플러가 주로 다는 키워드를 넣으면 자동으로 필터링된다. 지속적으로 악플을 다는 사람의 댓글을 클릭한 뒤, '채널에서 사용자 숨기기'를 하면 '자동화 필터'에서 '숨겨진 사용자' 리스트에 들어간다. 자동 필터링 기능을 사용하면 악플러에게는 따로 알림이 가지 않아 댓글을 삭제하는 것보다 더 유용하다.

둘째, 악플을 대하는 마음가짐이다. 유튜브 알고리즘은 댓글이 좋은 댓글인지 나쁜 댓글인지 판단하지 못한다. 댓글이 얼마나 달렸는지만을 판단한다. 유튜브 인게이지먼트 지표는 좋아요 < 공유 < 댓글 순으로 영향을 미쳐 댓글에서 갑론을박 형태로 싸움이 나면 오히려 조회수가 높아진다. 무플보다 악플이라는 말이 있듯 좋은지 나쁜지를 떠나서 일단 댓글이 많이 달리면 채널에 도움이 되니 악플을 대하는 마음가짐을 바꿔보자. 악플을 보며 상처받기보다 '채널에 도움을 주는 댓글이 하나 더 달렸네' 하면서 말이다.

주변 지인의 "돈 정말 쉽게 번다"는 말

세상에 쉬운 일은 없다. 누군가 쉽게 돈을 버는 것처럼 보일 수는 있어도 각자 나름의 최선을 다해 일하고 있는 것이다. 크리에이터 일도 그렇다. 자기가 좋아하는 일을 놀이처럼 하면서 돈을 버는 것처럼 보이지만, 일주일에 하나의 영상을 만들어내기까지 일주일을 꼬박 일하는 경우가 다반사다. 촬영하고 편집뿐 아니라 새로운 콘텐츠 기획, 소재 고민, 이미지 소비 고려, 트렌드 찾기 등 해야 할 일은 너무 많은데, 크리에이터는 혼자 일하는 경우가 대부분이라 더 어렵다.

그렇게 하루종일 컴퓨터를 부여잡고 같은 장면을 수십 번 돌려보며 효과음, 자막 색깔, 서체 폰트 하나하나 고심해서 영상을 올렸는데, 오랜만에 만난 친구들이 "영상 하나 올리고 돈 수천만 원 벌지 않아? 부럽다"라는 식으로 말하면 씁쓸해진다. 한동안 크리에이터 수입이 이슈가 되면서 연일 기사에 오르내리자 너도나도 크리에이터를 하겠다고 떠들썩했던 때가 있었다. 겉으로 보기에는 10분짜리 영상 하나 만드는 일이 쉽게 느껴졌을 수도 있다. 경험해보지 못했기에 크리에이터가 얼마나 많은 고민과 작업의 시간을 거쳐 영상을 만들어내는지 사람들은 알 수 없다. 이는 크리에이터뿐 아니라 모든 일이 다 그렇다.

때문에 일할 때는 내 일에 공감해주는 동료가 필요하다. 그 일을 알지 못하는 사람들에게서는 반쪽짜리 위로밖에 받을 수 없다. 주변에 친해지고 싶은 크리에이터가 있다면 먼저 손을 내밀어보자. 크리에이터와의 네트워크 형성은 혼자 일하는 크리에이터에게는 매우 중요한 일이다. 어렵게 생각하지 않아도 된다. 가볍게 이메일이나 SNS 메시지를 보내보

자. 같은 일을 하고 있다는 것에서 이미 공감대가 형성되어 대부분의 크리에이터들은 이를 긍정적으로 받아들인다.

출처가 어딘지 알 수 없는 '루머'

크리에이터는 루머에 휩싸이는 경우가 종종 있다. 학창 시절 학교 폭력의 가해자가 되기도 하고, 연인 관계에서의 사생활 폭로도 자주 이용되는 소재다. 이런 루머는 익명성이 보장된 폐쇄적인 커뮤니티에서 주로 발생한다. 루머의 출처를 찾아보면 기억에도 없는 초등학교 동창인 경우도 있고 아예 모르는 사람인 경우도 다반사다.

공인에게 루머는 사실관계를 떠나 그 자체로 악영향을 미친다. 루머가 한번 떠돌면 대중에게는 루머의 진실 여부는 중요하지 않다. 그나마 다행인 건 요즘은 이러한 분위기가 조금씩 달라지고 있다는 점이다. 온라인 공간이 커지면서 루머 생성이 더 자주 일어나지만, 반면에 루머의 진위 여부를 밝히는 작업도 활발하게 일어난다.

최근 이슈가 되는 루머는 학교 폭력과 성희롱이다. 미투 운동과 넷플릭스 오리지널 시리즈 〈더 글로리〉가 화제가 되면서 이 두 사안에 대한 사람들의 기준이 엄격해졌다. 예전에는 치기 어린 시절 서로 치고받고 할 수 있지 않느냐라며 대수롭지 않게 여겼지만, 학교 폭력의 수위가 점점 더 심각해지면서 대중들이 더는 이 문제를 간과하지 않게 되었다. 성희롱은 여성 크리에이터들이 더 많이 겪는 경향이 있으며, 악성 사례 중에는 댓글이나 메시지를 넘어 지속적으로 본인의 신체 부위를 사진 찍어 보내거나 직접 집으로 찾아와 괴롭히는 경우도 있다.

나는 학교 폭력과 성희롱에 대한 루머는 경찰에 신고하고 변호사를 선임하라고 조언한다. 익명성이 보장된 온라인 공간이지만 요즘은 IP 추적을 통해 다 잡아낼 수 있다. 악플러나 루머 생성자를 찾아내기 위해 법적인 절차를 밟겠다고 공표하면 어떤 누군가는 별것도 아닌 일을 크게 만드냐고 또 다른 악플을 달기도 하지만, 루머는 크리에이터로서의 생명에 큰 영향을 미치는 사안이므로 절대 그냥 넘겨서는 안 된다.

내 영상 무단 '도용'

크리에이터 채널이 커지면, 다른 누군가가 채널을 그대로 도용하는 일이 생긴다. 2023년 초에 과학/영화 채널 **리뷰엉이: Owl's Review**가 생성형 AI를 통해 자신의 콘텐츠를 그대로 베낀 유튜브 채널을 고발하는 일이 있었다. 초상권과 저작권 의식이 여전히 낮은 우리나라 실태를 잘 보여주는 사례다.

현재는 저작권 문제가 많이 공론화되면서 나아지고 있기는 하지만, 아직도 유튜브에는 소속사나 아티스트의 동의를 받지 않고, 영상을 올리는 경우가 대부분이다. 심지어 촬영이 금지된 콘서트나 행사장, 음악 프로그램의 무대 영상을 그대로 찍어 올리기도 한다. 유튜브가 쇼츠 기능을 선보인 이후로는 도용이 더 활발해져 방송 프로그램이나 크리에이터 영상을 허락 없이 짧게 편집해 쇼츠로 자신의 채널에 올리는 경우가 더 비일비재해졌다. 2023년 2월부터는 쇼츠 수익화가 시작되었으므로 이제는 저작권자가 이를 문제 삼는다면 범죄가 될 수 있다.

그런데 온라인에는 워낙 많은 정보들이 있기 때문에 내 영상을 누가 도용했는지 알기 어렵다. 시청자의 제보를 받거나 내가 일일이 찾아봐야 하는데 거의 사막에서 바늘 찾기 수준이다. 그나마 다행인 점은 유튜브가 저작권자를 보호하기 위해 콘텐트Content ID라는 기능을 제공한다는 것이다.

콘텐트 ID란 영상의 지문과 같은 것으로 2007년에 만들어진 유튜브만의 기술이다. 크리에이터가 영상을 올리면, 유튜브는 이를 시각 데이터와 청각 데이터를 기반으로 일종의 지문을 형성해낸다. 이 지문은 사람의 지문처럼 각 영상별로 고유하게 형성되므로 내 영상을 누가 사용했는지 찾아낼 수 있다. 영상의 시각 데이터가 1%만 겹쳐도 찾아낼 수 있고, 청각 데이터가 1%만 같아도 찾아낼 수 있다. 아티스트의 음원을 유튜브에 유통할 수 있는 것도 콘텐트 ID의 청각 데이터 덕분이다.

다만 콘텐트 ID를 통한 스캐닝 기능은 구글이 권한을 준 MCN, 음원 유통사, 방송사만이 갖고 있는 기능이다. 일반적인 개인 크리에이터의 경우, 유튜브의 '저작권 게시 중단' 기능을 활용해 신고하면 된다. 구글에 '유튜브 저작권 삭제 요청'이라고 검색하면 저작권 신고 페이지가 나오는데, 여기에 내 영상을 입력하고, 도용한 채널의 영상 링크를 입력하면 된다. 주의할 점은 '목록에 추가' 버튼을 클릭해서 한꺼번에 신고하면 안 된다. '목록에 추가'를 해서 영상 세 개를 한꺼번에 신고해도 저작권 위반 경고는 하나밖에 받지 않게 된다. 따라서 도용 영상 건별로 저작권 삭제 요청서를 제출해야 한다.

저작권 삭제 요청서의 내용을 다 기입한 다음, '일반: 지금 삭제 요청'을 클릭해 전자 서명을 하면 끝난다. 유튜브 저작권 팀에서 영업일 기준 1~2일 동안 해당 저작권 신고가 유효한지 검토하고, 유효하다면 도용자에게 저작권 위반 경고 메일을 보낸다. 3회 이상 경고 누적 시 위반 경고를 회수하지 못하면 채널이 삭제될 거라고 알려준다. 도용자는 저작권 신고를 한 사람의 이메일을 볼 수 있는데, 신고자에게 저작권 경고를 회수해달라고 요청하기 위함이다.

저작권 관리는 지속적으로 해야 한다. 관리하지 않으면 내가 힘들게 만든 영상을 누군가가 부당하게 가져가게 된다. 해외에서 자막을 붙여 국내 크리에이터의 영상을 가져가는 경우도 꽤 많다.

간혹 '공정 사용'이라는 저작권법이 적용되지 않는 예외 사항도 있다. 이는 유튜브가 판단하는 것이 아니라 법원이 판단하는 것으로, 미국 법상 논평이나 비평, 연구, 교육, 뉴스 보도에 사용할 경우 공정 사용으로 간주한다. 다만, 도용자가 수익 창출을 목적으로 원본을 그대로 사용한 경우에는 공정 사용에 해당하지 않는다.

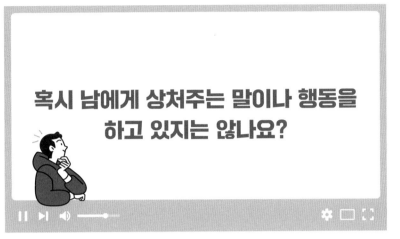

혹시 남에게 상처주는 말이나 행동을 하고 있지는 않나요?

우리는 잘못된 말과 행동으로 나락으로 떨어진 사람들의 이야기를 종종 접한다. 과거의 행동이 발목을 잡기도 하고, 성공한 다음 변한 태도가 도마에 오르기도 한다. 최근에는 일반 사람들도 예외는 아니다. 섣부른 행동으로 신상이 털려 일상생활을 유지하기 힘든 경우도 있다. 나의 행동이 행여나 다른 사람에게 불쾌감을 주지는 않았는지 신중하게 생각하지 않으면 누구나 대중의 비난을 받는 시대가 되었다.

상대적 박탈감을 주는 '돈 자랑'

채널이 커지면 자연스럽게 수익이 따라온다. 조회수 수익이 늘고, 광고 단가도 올라간다. 이때 나아진 수입에 신이 나서 자신도 모르게 돈 자랑하는 뉘앙스를 풍기는 사람들이 있는데, 절대 하지 말아야 하는 행동이다.

몇 년 전, BJ와 크리에이터의 돈 자랑 콘텐츠가 이슈가 된 적이 있다. 한강뷰가 보이는 집으로 이사했다며 이사 콘텐츠를 올리거나, 집을 소개하면서 명품백이 가능한 드레스룸을 자랑하는 식이다. 드디어 기다리던 차를 받았다며 억 단위의 외제차 시승식을 콘텐츠로 만들기도 했다.

이런 콘텐츠는 자극적이라 이슈가 보장된 주제이기는 하나, 시청자에게 박탈감을 줄 수 있어 나는 이를 추천하지 않는다. 특히 경기가 좋지 않은 상황에서는 꼭 피하라고 말한다. 장기화된 불경기로 많은 사람이 어려움을 겪는 시기에 올린 돈 자랑 콘텐츠는 자칫 비난의 화살을 받을 수 있다. 다들 하니까 문제 될 게 없다고 생각할 수도 있지만, 원래 사건 사고는 생각지도 못한 이유에서 시작된다. 문제가 될 수 있는 씨앗은 아예 물을 주지 않는 편이 낫다.

만약 돈 자랑 콘텐츠를 하고 싶다면, 채널 초창기부터 일관성 있게 부자 콘셉트를 미는 편이 낫다. 유튜브에는 다양한 취향이 존재하는 만큼 '부자의 삶'도 하나의 취향으로 볼 수 있기 때문이다. 하지만 이 경우에도, 시청자들이 유튜브를 보는 이유는 재미를 느끼고 필요한 정보를 얻기 위함이지, 박탈감을 느끼기 위해서가 아님을 절대 잊어서는 안 된다.

잃어버린 '초심'

채널 초반에는 구독자 한 명 한 명이 다 소중하게 느껴진다. 31명에서 32명, 171명에서 574명이 되는 것은 명확히 보이기 때문이다. 하지만 1천 명을 넘어 1만, 10만에 이르면 구독자 한 명이 더 늘어나는 것이 눈에 보이지 않게 되면서 초창기의 간절함은 점점 사라지게 된다.

유튜브의 성공 요인에는 쌍방향 플랫폼이라는 특성이 있다. 그동안의 미디어와 달리 댓글과 좋아요 등 시청자가 직접 영상에 의견을 피력할 수 있는 도구를 제공함으로써 채널을 함께 만들어가고 성장시켜나간다는 이미지를 시청자에게 심어줬다. 때문에 채널 초창기에는 댓글에 답도 열심히 달고 콘텐츠 기획에 관한 의견도 물으며 소통에 적극적인 크리에이터들이 많았다. 하지만 구독자가 늘면서 댓글도 덩달아 늘어나자 이를 감당할 수 없다며 소통을 소홀히 여기는 크리에이터들이 생겨났다. 반면에 10만을 넘어 100만 구독자수를 달성해도 여전히 처음처럼 댓글에 답해주며 구독자 한 명 한 명 신경 쓰는 크리에이터도 있다. 내가 만약 구독자라면 어떤 채널을 더 선호하겠는가?

수만 명의 사람과 소통하는 일은 쉽지 않다. 초심을 잃지 않기도 어렵다. 상황이 바뀌면 변하는 게 인간의 본성이다. 하지만 예전과 달라진 사람에 대한 애정이 식는 것 또한 인간의 본성이다. 유튜브에는 오늘도 수만 개의 채널이 새롭게 생성되고 있다. 내 채널이 언제든지 다른 채널로 대체될 가능성이 크다는 의미다. 구독자의 이탈을 막기 위해서는 끊임없이 소통해야 한다. 여전히 구독자 한 명 한 명이 소중하다는 인식을 심어줘야 한다.

가장 사소하게는 정해진 시간에 영상을 업로드하는 것이다. 이런저런 이유로 업로드가 지연되거나 올리지 못하는 일이 빈번하게 발생하면 크리에이터에 대한 신뢰가 깨지게 된다. 정해진 날, 정해진 시간에 영상을 올리는 것 또한 시청자와의 약속임을 잊지 말자.

또한, 댓글 등을 통해 전달되는 시청자 의견에 귀 기울이자. 시청자 입장에서 전하는 의견은 채널 성장뿐 아니라 새로운 콘텐츠 기획에도 큰 도움이 된다. 시청자가 원하는 콘텐츠가 무엇인지 파악하고, 이를 충족시켜줘야 구독자 이탈을 막을 수 있다.

나도 모르는 사이에 한 '갑질'

크리에이터는 취향 비즈니스이자 관계 비즈니스라고 계속 강조했다. 구독자와의 관계뿐 아니라 대행사 직원, 중소 브랜드의 마케터, MCN 회사의 담당자, 제작사의 스태프 등 다양한 역할의 사람들과 함께 일하는 직업이다. 때문에 잠깐 일했던 스쳐 지나가는 사람일지라도 관계를 소중히 여겨야 한다. 나쁜 평가는 쉽게 퍼지고 쉽사리 사라지지 않는다.

업계 관계자의 이야기를 들어보면 크리에이터와 일할 때 가장 흔하게 겪는 문제는 연락 두절이라고 한다. 크리에이터는 직장인이 아니다 보니 생활 패턴이 다들 제각각이라 연락이 바로바로 될 수 없는 상황일 수는 있으나, 답을 기다리는 사람의 입장도 역지사지로 생각해주길 바란다. 그 외에 중소업체와 일하는 경우가 많다 보니 상대를 무시하거나 거만한 태도를 보이는 경우도 있는데, 한때 한 인플루언서가 인스타그램 게시물에 중소업체 제품은 올렸다 삭제하고 브랜드 제품만 유지해 논란이 된 일이 있었다. 이 일로 해당 인플루언서는 엄청난 질타를 받고 긴 자숙에 들어갔다.

함께 일하는 사람을 배려하지 않으면 결국 손해는 내가 보게 된다. 요즘같이 인터넷을 통한 고발이 활발하게 이뤄지는 시대에는 나의 잘못된 행동이 금세 탄로 날 수밖에 없다. 한 번의 잘못된 행동만으로도 나락으로 떨어질 수 있다는 뜻이다. 매 순간 좋은 태도를 유지하는 것은 힘든 일이지만, 채널을 위해 다 같이 고생하는 동등한 동료라는 점을 잊지 말자.

진정성 없는 '사과'

한때 검은 배경 화면에 고개를 숙이며 '죄송합니다'라고 말하는 영상이 우후죽순 올라왔을 때가 있다. 2020년 8월 뒷광고 사건이다. 당시 상황을 보면, 뒷광고가 이슈가 되자 자기 잘못을 인정하고 미리 사죄 영상을 찍은 사람들이 있는 반면, '뒷광고가 아니다'라고 주장하며 끝까지 해명하는 사람들도 있었다.

진짜 억울한 경우도 있겠지만, 이런 논란에 휩싸이면 대중에게 사실관계는 나중의 문제가 된다. 사람들은 이보다는 문제가 발생했을 때 어떻게 대응하는지를 더 주의 깊게 본다. 그래서 잘못을 인정하고 미리 사과한 크리에이터들은 이후 빠르게 복귀했지만, 그렇지 않은 크리에이터 중에는 여전히 복귀하지 못하고 있는 사람들도 있다.

크리에이터는 이제 공인이나 다름없다. 연예인이나 그 어떤 셀럽보다 대중에 미치는 영향력이 더 큰 사람들도 있다. 나는 아직 그 정도는 아니라고 생각하겠지만, 크리에이터라는 업을 선택했다면 내가 미칠 영향력에 대해 인지하고 주의하며 행동할 필요가 있다.

모든 인간관계가 그렇듯 크리에이터와 구독자 관계도 신뢰가 기본이다. 그 신뢰를 저버리는 행동을 하게 되었다면 피하지 말고 해결해야 한다. 댓글을 막아서도 안 되고 사과를 늦춰서도 안 된다. 사과문은 팩트 위주로 전개하는 것이 좋다. '내가 어떤 잘못을 했고, 그를 인정하며 사과한다. 앞으로는 같은 잘못을 하지 않겠다'는 흐름으로 써야 한다. 만약 사과문에 핑계만을 나열하거나, '혹시 제 행동으로 인해 불편하셨던 분이 있다면 사과한다'와 같이 가정법을 사용해서도 안 된다. 사과가 늦을수록 복귀도 어려워진다는 점을 명심하자. '골든타임'이라는 말을 들어봤을 것이다. 골든타임이란 생명을 살릴 수 있는 마지막 시간을 의미한다. 잘못을 저지른 크리에이터에게도 채널을 살릴 수 있는 골든타임이 존재한다.

문제가 발생하면 기존 구독자뿐 아니라 나를 몰랐던 사람들까지 채널에 몰려든다. 그들이 좋은 댓글을 달 가능성은 제로다. 이런 상황에서 이를 반박하거나, 변명하거나 심지어 처음에 사과했는데 억울한 마음이 들어 이를 번복하는 등의 행동은 절대 하지 말아야 한다. 오히려 긁어 부스럼을 만드는 꼴이다. 이슈를 잠재우려다 더 큰 이슈를 만들 뿐이다.

간혹 진정성 있는 사과와 함께 자숙에 들어갔는데, 6개월도 안 되어 복귀하는 사람들이 있다. 6개월은 채널 수익이 정지되는 기준이다. 대중들은 이러한 점도 다 알고 있다. 때문에 수익이 정지되더라도 다시 YPP^{YouTube Partner Program} 자격을 충족해서 신청하면 되니 섣부르게 복귀하지 않길 바란다.

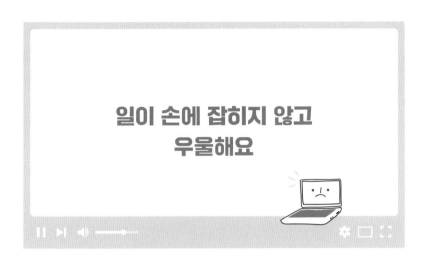

일이 손에 잡히지 않고 우울해요

인생은 혼자라고들 하지만, 매사 혼자 생각하고 고민하는 건 우물안 개구리를 자초하는 일일뿐 아니라 스스로를 지치게 하는 길이기도 하다. 문제는 크리에이터는 혼자 활동하는 경우가 많아 자연스럽게 자기 생각에 매몰되어 올바른 판단을 못하는 경우가 생겨난다는 데 있다.

매 순간 평가 당하는 삶

많은 크리에이터가 매 순간 타인에 의해 자신의 가치를 평가당한다고 생각한다. TV 프로그램 시청률 지표가 매일 나오듯 유튜브는 실시간으로 조회수, 좋아요수, 댓글수 등이 카운팅되어 보여진다. 원하지 않아도 올린 영상 아래에 즉시 집계되어 올라오기 때문에 피할 수도 없다.

그렇다 보니 지표들을 끊임없이 체크하게 된다. 업로드 직후에는 조회수가 얼마인지, 30분 뒤, 1시간 뒤에는 얼마인지를 매분 매시간 새로 고침하며 데이터 굴레에 빠져드는 것이다. 마치 주식 지표에 일희일비하 듯 조회수가 잘 나오면 기분이 좋다가, 조금이라도 주춤하면 고민과 불안에 빠지게 된다. 심한 경우 일상생활에도 영향을 미쳐 하루 종일 우울해하는 크리에이터도 있다.

이러한 태도를 취하기 시작하면 유튜브를 길게 할 수 없다. 영상을 올리는 주기가 일주일에 한 번이라면 일주일마다 평가받는 삶을 사는 것과 다름없다. 2~3일에 한 번씩 영상을 올린다면 2~3일마다 평가받고 있는 것이다. 학생들도 1년에 4번 날아오는 시험 성적표를 두려워하는데, 거의 매일을 평가받으며 살면 정신이 무너질 수밖에 없다.

어렵겠지만 유튜브가 제공하는 숫자를 평가로 받아들이지 말아야 한다. 1등 성적표를 목표로 할 필요는 없다. 유튜브는 취향 비즈니스이자 관계 비즈니스이므로 내가 좋아하는 분야를 함께 좋아해주는 구독자와 좋은 관계를 유지하는 게 더 중요하다. 그것이야말로 크리에이터의 진정한 평가 지표다. 데이터에 흔들리지 않을 자신이 없다면 아예 보지 않는 것도 하나의 방법이다.

단기간에 성과가 나오길 바라는 마음

나는 유튜브를 처음 시작할 때 전업 크리에이터를 추천하지 않는다. 한동안 유튜브 바람이 불면서 퇴사하고 크리에이터의 길을 선택한 사람들이 많았다. 지금 그들은 어떻게 되었을까? 2021년 상반기쯤부터 중고 시장에 유튜브 관련 장비가 많이 나왔다. 2020년 팬데믹으로 집에 있는 시간이 많아지면서 유튜브에 도전했던 사람들이 내놓은 것들이다.

유튜브는 기본적으로 불안정하다는 특성이 있다. 영상을 업로드하고 공개하기 전까지 아무도 영상의 성공을 예측할 수 없다. 성공 여부는 시청자의 선택에 달려있기 때문이다. 잘 나올 것 같은 콘텐츠가 반응이 안 좋은 경우도 있고, 별로 기대하지 않았던 콘텐츠가 잘되는 경우도 있다. 당시에는 반응이 없었던, 오래전에 올렸던 영상이 어떠한 외부 요인으로 인해 갑자기 알고리즘의 축복을 받아 역주행하기도 한다. 언제 어디서 터질지 몰라 그 한방을 노리기도 하지만, 아무것도 하지 않은 채 복권 당첨만 바라볼 수는 없다. 유튜브가 불안정한 만큼 안정성이 보장된 무언가가 내 삶에 있어야 한다.

유튜브는 장기전이다. 당신이 유재석이나 신동엽처럼 국민적인 MC가 아닌 한, 단기간에 채널의 성과를 얻는 일은 불가능에 가깝다. 초반부터 많은 돈을 들여 장비를 채워넣기보다는 날것의 느낌으로, 그러나 디테일한 나만의 취향이 잘 담긴 차별화된 콘텐츠를 꾸준히 만들어가야 한다. 초반에 투자를 많이 하면 이를 메꿔야 한다는 생각에 사람이 조급해지고, 그렇게 되면 콘텐츠가 유행을 타고 자극적으로 변하게 된다. 내가 하고자 했던 카테고리와는 상관없이 일단 따라 해보는 것이다.

유튜브에는 지름길 따위 없다. 자신이 진정으로 즐기는 취향을 꾸준히 밀고 나간다면, 그것이 차별화된 기획력으로 발현된다. 거기에 자연스럽게 비슷한 취향을 가진 사람들이 모이고, 그들이 채널을 이끄는 팬이 되어 커뮤니티를 형성하는 것이다. 커뮤니티에 대한 영향력을 갖는 것이 유튜브의 본질이다.

전업 크리에이터의
종착지는 어디일까?

요식업이나 의류 사업 등 본업 외에 다른 일을 병행하는 연예인들이 꽤 많다. 언제 대중에게 잊히게 될지, 어떤 구설에 휘말려 활동이 중단될지 모르는 불안정한 직업적 특성 때문이다. 크리에이터도 똑같다. 크리에이터 채널의 수명은 평균 3~5년으로, 활발하게 활동하고 있을 때 또 다른 비즈니스를 준비해야 한다. 채널 자체가 종착지가 아니라 앞으로 내가 만들어나갈 비즈니스의 홍보 수단으로 활용해야 한다.

취향 기반이 확실한 채널이라면 이와 연관된 일을 하는 게 좋다. 먹방 크리에이터 **tzuyang쯔양**이 돈가스 가게를 오픈한 것처럼 푸드 카테고리에서 활동하고 있다면 요식업을 고려해보는 식이다. 특정 분야에 전문성이 있다면 컨설팅 회사를 차려도 된다. 크리에이터로 오래 활동하다

보면 디지털 마케팅 전문가가 되기에 제작사나 디지털 광고 에이전시도 가능하다. 실제로 마케터 관점에서 인플루언서가 되고 싶은 Z세대도 늘어나고 있다. 또, 연 매출이 7,500만 원 이상일 경우에는 개인 사업자를 내서 세무사의 도움을 받는 것을 추천한다. 탈세 크리에이터 명단에 포함되는 순간, 공든 탑이 한 번에 무너져 내릴 수도 있다.

그렇다고 해서 무조건 사업을 하라고 권하는 건 아니다. 내가 앞으로 먹고살 길을 개척하라는 뜻이다. 2019년 **워크맨-Workman** 채널에 나와 에버랜드 알바생으로 유명해진 **윤쭈꾸**는 KBS 〈6시 내고향〉의 수산물 리포터가 되었다. 그는 자신의 채널에서 처음 보는 사람들 앞에서 분위기를 띄우고, 행사를 진행하며, 친근하게 인터뷰하는 모습을 보여줬다. 이를 계기로 에버랜드 이후 서울랜드에서 근무했다가 사회 공헌 활동 관련 MC부터 청소년을 대상으로 하는 진로 멘토링 교육, 롯데월드타워 홍보 캐스터, 라이브커머스 쇼호스트 등 다양하게 활동을 이어왔는데, 최근에 예전부터 원했던 TV 프로그램 리포터가 되었다.

크리에이터로 활동하기 시작하면 다시 월급쟁이 직장인으로 돌아가는 건 매우 어렵다. 정해진 출퇴근 시간뿐 아니라 야근도 해야 하고 상사의 지시도 따라야 하며 주 5일 출근으로 내 시간을 자유롭게 쓰기도 어렵다. 그런데도 월급이라고 들어오는 돈은 잘나갔던 채널 수익에 비해 턱없이 적다. 자의든 타의든 크리에이터를 더 이상 못 하게 되었을 때를 대비하지 않으면 안 된다.

영원한 건 없다. 시대가 끊임없이 변화하면서 사라지고 또 새로운 무언가가 나오는 건 변하지 않는 이치다. 채널이 구독자들에게 잊혀진 뒤에 발만 동동 구르며 '앞으로 뭘 어떻게 해야 하지?'라고 걱정하면 이미 버스는 떠난 뒤다.

유튜브 채널도 영원하지는 않다. 언젠가는 죽는다. 어느 누구에게도 예외는 없다. 유튜브에서 채널을 운영하는 사람이라면, 채널의 죽음을 최대한 늦추는 것이 중요하다. 유튜브의 플랫폼적 특성을 똑바로 이해하고 스스로 채널 매니지먼트를 해가며, 채널 규모에 맞는 크리에이터 비즈니스를 전개하면서 말이다. 그렇게 채널이 살아있는 동안 당신만의 넥스트 스텝을 천천히 준비하면 된다.

지금 이 순간에도 채널을 살리기 위해 고군분투하는 크리에이터들을 마음 깊이 응원한다.

감사의
말

대학 졸업 후 취업 준비 대신 '유튜브와 왕훙 경제의 차이를 알아보러 중국으로 가야겠다'는 허무맹랑한 결심을 했음에도 무한한 신뢰와 지지를 보내준 어머님, 아버님, 동생에게 감사하다. 콘텐츠를 단순히 '재미있다, 없다'의 시각으로만 보는 게 아니라 깊이 파고들 수 있는 분석력을 갖추게 해주시고 책을 쓰는 것을 권고해주신 문학콘텐츠학 신정아 교수님께도 먼저 감사의 인사를 드리고 싶다.

CJ ENM DIA TV에서 같이 고생했던 모든 분의 이름을 일일이 열거하긴 어려우나, 다양한 분야에서 경험을 쌓도록 여러 기회를 주신 오진세 님과 최정하 님, 탁월한 인사이트와 선견지명으로 나의 커리어를 이끌어주신 김대건 님, 하지훈 님, 그리고 마치 자신의 채널인 것처럼 밤낮

없이 지방 곳곳을 다니며 헌신적으로, 아티스트분들의 채널을 함께 제작 및 운영해주신 윤서림 PD님 덕분에 책의 내용을 체계적으로 구성할 수 있었다.

촬영장에서 매번 세심한 배려를 해주신 아티스트분들과 관계자분들 덕분에 제작 관점에서도 유튜브를 깊게 바라볼 수 있었다. 파트너십 미팅뿐 아니라 코로나로 얼굴도 뵙지 못한 채 전화로만 이야기를 나눈, 그러나 크리에이터로서 갖고 있는 고민과 어려움을 허심탄회하게 이야기해주신 수많은 크리에이터분들이 없었다면 문제점과 해결책에 대해 생각조차 할 수 없었을 것이다.

마지막으로는 어수선한 원고를 일목요연하고 완성도 높은 한 권의 책으로 엮어주신 미래의창 김성옥, 김효선, 안대근, 조소희 님과 본문을 보기 좋게 만들어주신 강혜민 디자이너에게도 진심 어린 감사의 인사를 드린다.

이 책이 오늘도 고군분투하는 크리에이터들에게 각자가 당면한 문제점들을 해결할 수 있는 작은 실마리가 되어주기를 간절히 바란다.

감사의 말

닥터튜브 주힘찬의 유튜브 클리닉

초판 1쇄 발행 2023년 12월 5일

지은이 주힘찬
펴낸이 성의현
펴낸곳 (주)미래의창

편집주간 김성옥
진행 및 지원 안대근 · 조소희
디자인 강혜민(본문)

출판 신고 2019년 10월 28일 제2019-000291호
주소 서울시 마포구 잔다리로 62-1 미래의창빌딩(서교동 376-15, 5층)
전화 070-8693-1719 **팩스** 0507-0301-1585
홈페이지 www.miraebook.co.kr
ISBN 979-11-92519-99-9 (03320)

※ 책값은 뒤표지에 표기되어 있습니다.